Friedrich Schuler von Libloy

Über die Entwicklung der staatsbürgerlichen Freiheit in Österreich

Friedrich Schuler von Libloy

Über die Entwicklung der staatsbürgerlichen Freiheit in Österreich

ISBN/EAN: 9783743495029

Hergestellt in Europa, USA, Kanada, Australien, Japan

Cover: Foto ©Suzi / pixelio.de

Weitere Bücher finden Sie auf **www.hansebooks.com**

Ueber die Entwicklung

der

staatsbürgerlichen Freiheit in Oesterreich.

(Rectoratsrede, gehalten bei der Universitätsfeier
am 4. October 1878)

von

Professor Dr. Friedrich Schuler v. Libloy

derzeit Rector Magnificus an der k. k. Franz-Joseph-Universität in Czernowitz.

Dritte Auflage.

Czernowitz 1894.

K. k. Universitäts-Buchhandlung Heinrich Pardini
(Engel & Suchanka).

Hochverehrte Herren!

Liebwerthe Commilitonen!

Indem ich diese Ehrenstelle einnehme, verlangt es die akademische Sitte, daß der neue Rector irgend ein wissenschaftliches Thema kurz berühre.

Gestatten Sie mir, hochgeehrte Festversammlung, ein nächstliegendes, aber oft geringer geschätztes, Gebiet zu betreten und einige Punkte hervorzuheben.

Sie ergeben sich aus **der Frage**: „Hat Oesterreich — auf dem Wege zur staatsbürgerlichen Freiheit — jene **Fortschritte** gemacht, welche das Wesen constitutionellen Lebens anderer Staaten bilden — und die als ein **Gemeingut** der Culturvölker in immer mehr gleichmäßiger Weise die Verbreitung gefunden haben?"

Ich antwortete — ohne die großen Schwierigkeiten bei einer in Zielen und Mitteln ungleichen Bevölkerung zu verkennen — und trotz der national-politischen Verwicklungen unserer Reichslage — mit einem stolzen und freudigen Ja.

Um dies aber nachweisen zu können, bedarf es einiger kurzer Vergleiche.

Ich wähle dazu Hinblicke auf die wichtigsten Freiheitsinstitutionen in **England**, dann auf die Principien des öffentlichen Rechtes in **Belgien**.

Nach beiden Richtungen hin dürfen wir **einige Vergleichspunkte** hervorheben und **unser eigenes** Rechtsgebiet schildern.

I.

Ein Musterbild politischer Freiheit war und ist **England**.

Es verdient aber diese Auszeichnung nicht deshalb, weil es stets freisinnige Einrichtungen gepflegt hat, sondern weit mehr, weil es schon im Mittelalter staatsbürgerliche Rechte und Pflichten **aller** seiner

Inselbewohner ordnete — ein gegenseitiges Verhältniß von Leistungen und Befugnissen der hervorragenden Volksclassen zur Geltung brachte, — weil es am frühesten das Wesen feudaler Gliederung durchbrochen, — die königliche Uebermacht eingeschränkt, — und die Selbstverwaltung — nicht von Localgemeinden — sondern der Gentry (d. i. der vermögenden und mehr gebildeten Bevölkerung), sowie ihrer Specialverbände, — ausgebildet hat.

Seine Verfassungsbestimmungen dagegen — ja fast alle seine Gesetze — waren und sind noch gegenwärtig in vielen Beziehungen mangelhaft und unzureichend; das Gewohnheitsrecht des „common law" (d. i. des hergebrachten Volksrechts) vielen Schwankungen unterworfen.

Die sogenannten Grundrechte der Staatsbürger — wir verstehen darunter die jeder Einzelperson gegenüber der Staatsgewalt zustehenden Freiheitsbefugnisse — sind keineswegs nach allen Seiten so sichergestellt gewesen, als man, ziemlich allgemein, anzunehmen pflegt.

Es wird eine fast tyrannische Omnipotenz des Parlaments geduldet; — die Rechtspflege ist — trotz Jury und Oeffentlichkeit, — schon ihres Kostenpunktes wegen, — minder verläßlich als in den hervorragenden Culturstaaten des Continents; — die confessionelle Freiheit der Religionsbekenntnisse hat sich nur langsam und unvollkommen entwickelt; — die Wahlmodalitäten aller Art, — das Patronatswesen (patronage), — die Zersplitterung der Communalangelegenheiten, die Armenpflege, Arbeiterverhältnisse, u. a. m. sind keine nachahmungswerthen Beispiele.

So fallen tiefe Schatten auf dies glänzende Bild politischer Freiheit. Was ist also sein höchstes Gut constitutioneller Errungenschaften?

Blakstone, der Jurist aller Juristen in England, führt als solches drei Grundrechte jeden Engländers an — die persönliche Sicherheit vor willkürlichen Verhaftungen, das Recht des Genusses seines Eigenthums und eine — (übrigens vieldeutige) — persönliche Freiheit.

Diese letztere stellt sich aber mehr als ein Vorzug der Reichen heraus; der Vermögenslose ist vom öffentlichen Staatsleben ausgeschlossen; — denn alles Mitrathen und Mitthaten ist, — (allerdings sehr naturgemäß) — in Leistungen und Pflichten, in Lasten und Diensten für das öffentliche Wohl, — begründet und dieserart mußten aristokratische Lebensstufen, um nicht zu sagen „plutokratische", entstehen, welche die englische Freiheit bedingen.

Aehnlich war es auch in Oesterreich, ja fast auf dem ganzen Continente. —

Es ist ein Irrthum anzunehmen, daß jene von Blakstone so hochgepriesenen Freiheitsrechte hier unbekannt gewesen seien; — indeß waren sie — wie oft auch in England factisch — auf dem Continente aber gesetzlich — meist nur den höheren und abgeschlossenen Volksclassen, durch eigene ständische Privilegien zugesprochen.

Der Hauptunterschied bestand also darin, daß sie hier, nicht wie dort, zum **Gemeingut aller Staatsbürger** emporgedeihen konnten, — daß hier die Leistungen der höhern Volksclassen immer **geringer**, die der tiefer stehenden Bevölkerung immer **größer** geworden sind. Ist dies verschuldet? — und was ist zur **Abwehr** geschehen? In unserer Rechtsgeschichte haben sich auch Naturprocesse vollzogen. Bestimmte Ursachen haben zuverlässige Folgen und es ist schwer aus dem Causalnexus der Verhältnisse ein Glied herauszunehmen und durch ein anderes zu ersetzen.

Gleichwohl ist es durch die That österreichischer Herrscher geschehen. Die **Macht** mußte das Recht schaffen.

Geschieht dies nur, um Passionen der Vorliebe zu befriedigen, so erfolgt gewöhnlich eine schicksalsschwere Passionsgeschichte; geschieht es aber, wie es die Principien moderner Staatengröße verlangen, um in **einheitlichen** Gestaltungen das **allgemeine** Staatsbürgerrecht zu fördern, so befestigt sich die **Macht** und entwickelt sich das **Recht**.

Auch unser Vaterland bietet hiefür Beispiele.

Das vorige Jahrhundert hat das **allgemeine österreichisch Staatsbürgerrecht, sowie die privatrechtliche Freiheit** begründet: **unsere** Zeit hat das **politische Leben** eingeführt.

Wenn Letzteres so spät nachfolgte, vergessen — wir nicht — daß oft das Getriebe, zumal nationaler Parteien, seine Befriedigung darin sucht, die eigene Herrschaft über Andersdenkende zu erstrecken; — vergessen wir nicht, daß oft zahlreiche Minoritäten einem gar nicht seltenen Absolutismus der Majorität unterliegen; — war mithin unseren Vorfahren die politische Arena des Parlaments versagt, so war ihnen auch jener Kampf, jene Täuschung und Schädigung, erspart, welche sich aus dem unvermittelten Gegensatze der **Parteiinteressen** ergeben.

Die Versöhnung dieses Zwiespalts liegt darin, daß nicht die Interessen, sondern die **Leistungen** und **Pflichten** für den Staat vorangestellt werden und ihren Ausdruck, namentlich in den Wahlgesetzen, dann in der Selbstverwaltung und wo diese nicht durchführbar ist, in **geregelten Amtsführungen** finden.

Dann wird die Freiheit aus jener rechtlichen Handlungsweise hervorgehen, welche überall die **Ordnung** sucht.

Dieser richtigen Maxime hat es England zu verdanken, das dort Diejenigen das große Wort führen, welche auch die **Kraft** und **Macht** des Staates — und die in der einzelnen Gegend — repräsentiren.

Weil in unseren eigenen Volksclassen Oesterreichs eben **diese** Elemente der **Leistungsfähigkeit** weniger vertreten gewesen sind, als in dem glücklich gelegenen Inselreiche, haben die repräsentativen Institutionen, sowie die Selbstverwaltung — (abgesehen von dem egoistischen Treiben mittelalterlicher Landstände) — erst später Wurzeln geschlagen; — ja hat noch immer der organische Ausgleich — der Theile und des Ganzen — des Staates und der Volksclassen selbst, — in Rechten und Pflichten, nicht stattgefunden.

Was jedoch Oesterreich wirklich vollbringen konnte, geschah auf dem Gebiete jener mehr staatsbürgerlichen und privatrechtlichen Freiheit, welche, nach Blakstone selbst ein höheres Gut des Einzelnen ist, als die mitunter dem Spiele des Zufalls ausgesetzte Theilnahme an einer repräsentativen Körperschaft, welche ebenfalls menschlichen Leidenschaften und Vorurtheilen unterworfen sein kann.

Wie sind wir also zu unserem allgemein österreichischen Staatsbürgerrechte und zur privatrechtlichen Freiheit gekommen?

Ich will ein schnelles Bild zu entwerfen versuchen.

II.

Die Namen Maria Theresia und Josef II. sind es, welche uns entgegentreten.

Zunächst ging ihr großes Reformwerk von einem unliebsamen Standpunkte aus, welcher gleichwohl die Basis aller modernen Culturentwicklung geworden ist.

Eine Vermögenssteuer wurde 1743 und eine Kopfsteuer 1746 auch auf den adeligen Stand erstreckt; — der Theresianische Cataster seit 1748 reformirt; — und bereits 1751 galt die adelige Steuerfreiheit für aufgehoben; es erhielten sich blos Contributionserleichterungen für den herrschaftlichen Grund und Boden, bis gegen das Ende der Regierungszeit Kaiser Josef des II.

In Ungarn fiel das Privilegium der adeligen Steuerfreiheit erst vor 30 Jahren, 1848; es hat nur seit dieser Zeit die privatrechtliche Freiheit aller Staatsbürger begonnen.

Mit den erwähnten österreichischen Reformen stand im Zusammenhange die vollständige Regelung der Patrimonialgerichtsbarkeit adeliger Grundherren; — das Beschwerderecht der Unterthanen bei den kaiserlichen Kreisämtern, (allgemein errichtet 1747—1756); die Verpflichtung der erwähnten Dominalämter (1754) zur — Protokollführung — zur Aufnahme geprüfter Richter, welche nur nach dem „Gesetze" vorgehen durften; — wahrlich rühmenswerthe Einrichtungen welche in manchem constitutionellen Lande, wie in Ungarn, unbekannt, geblieben waren, — trotz — und mehr noch wegen — aller Freiheit der privilegirten Stände.

Es erfolgten gleichzeitig die österreichischen Justiz-Reformen — und wurden neue — für ihre Zeit vortreffliche — Gesetzbücher auf alle Provinzen der Monarchie ausgedehnt.

Die **Leibeigenschaft** der Bauern wurde in eine urbarial geregelte **Unterthanschaft** verwandelt — und durch Robott- und Accidenz-Patente die zahlreichste Classe der Bevölkerung von den härtesten Fesseln befreit.

Auch die Bukowina hat unter dieser und ähnlicher Pflege einen höchst anerkennenswerthen Aufschwung genommen; alle unsere Nachbarländer, ja die **desselben** Meridians, können sich kaum größere Erfolge erfreuen, so sehr auch nach allen Richtungen weit mehr zu wünschen wäre.

Die ehemaligen Landstände verloren allerdings ihre hinfälligen **Vorrechte**, ein nothwendiges Opfer, gerechtfertigt durch das Aufhören ihrer ehemaligen Kriegspflichten.

Die **politische Verwaltung**, welche die Landstände noch bis zur Mitte des vorigen Jahrhunderts durch ihre Ausschüsse führten, gelangte in die Hände kaiserlicher Landesbehörden, welche seit 1776 den Namen „Gubernien" erhielten.

Die Beförderung von **Unadeligen** in den Staatsdienst wurde zugelassen und eine, vergleichsweise mustergiltig zu nennende **neue Verwaltung** eingeführt.

In den nachfolgenden Zeiten hatten die Stürme der französischen Revolution — die Drangsale der napoleonischen Kriege — in ihren Nachwirkungen eine engherzige und kurzsichtige Politik absolutistischen Regiments erzeugt; — gleichwohl entstanden damals — bereits im vorigen Jahrhundert vorbereitete — **Gesetzbücher**, welche wirksamer als selbst jene im stolzen Albion — die **Gleichheit** vor dem Gesetze und **privatrechtliche Befugnisse** mannichfacher Art eingeführt haben.

In den Instuctionen zur Abfassung des **allgem. bürgerl. österr. Gesetzbuches**, welches 1811 erschien, heißt es: „Das erste Erforderniß des Gesetzbuches sei dessen **innere Güte** -- hernach die Gerechtigkeit, damit die Freiheit der Unterthanen nicht ohne Noth beschränkt werde." Ein anderes Erforderniß sollte sein, daß das Gesetz **alle** ihm unterworfenen Personen **gleich** verbinde, daß es gegen alle **gleich** gerecht sei — und wie man damals, unter kaiserlicher Aegide verlangte, daß es jener Anforderung entspreche, wornach die Gerechtigkeit sich durch keinen Unterschied des Standes, der Religion, oder des Vermögens, durch keine Rücksichten der Billigkeit oder der Politik, ableiten lassen dürfe von dem **gleichen** einförmigen Gange des Rechts.

Wenn wir heutzutage im Stande sind, die Mängel der erwähnten Gesetzbücher zu erkennen und zu verbessern, (das Strafrecht und der Proceß sind schon völlig umgebildet), bleiben sie doch immer die Grundsäulen für das **allgem. österr. Staatsbürgerrecht**, für die **Gleichheit** vor dem Gesetze und haben sie unsere **privatrechtliche Freiheit** begründet.

Ist ihr die **politische Freiheit** endlich nachgefolgt?
Wir verehren dankbar auch bei diesem Anlasse den Namen Allerhöchst Seiner kaiserl. königl. Apost. Majestät, **Kaiser Franz Josef I.**, des Stifters unserer Universität, — welchen zugleich als **Stifter der politischen Freiheit in Oesterreich** — gerade an dem **heutigen** Tage, — unsere innigsten Segenswünsche begleiten! —

III.

Blicken wir auf das zweite Musterbild verfassungsmäßiger Einrichtungen — auf **Belgien**, welches nicht historische Stadien, wie England, durchmachte, sondern gleich alle werthvollen Bestimmungen in seiner vielgepriesenen Constitutionsurkunde vom Jahre 1831 zusammenfaßte.

Indem dieselbe gleichsam aus der Quintessenz politischer Freiheitsbegriffe schöpfte, regelte sie **jene** drei großen Gebiete, in welchen sich das Staatsrecht der Gegenwart bewegt.

Es sind dies jene, welche sich beziehen auf den Organismus der **Staatsgewalten**, — auf die Repräsentanz und Mitwirkung des **Volkes**, namentlich in der „Gesetzgebung", — endlich drittens auf die **Grundrechte** der Staatsbürger, den Umkreis ihrer Freiheitsbefugnisse.

Fast in allen hiebei vorkommenden Richtungen hat auch unser Verfassungsleben, wie eine Tochter, die Züge der Mutter bewahrt, — neben all' ihrem **eigenen** individuellen Charakter, — alle jene wesentlichen Kennzeichen — **nach** und **nach** — erhalten, welche die belgische Constitutionsurkunde ausgezeichnet haben.

Niemals wäre dies möglich gewesen, ohne eine **allgemeine** Reichsverfassung. Jeder **Particularismus** schwächt die staatsbürgerliche Freiheit; besondere Staatsrechte hätten, gleichsam in dem extensiven Wirthschaftsbetriebe ihrer **Sonderinteressen**, jeden nachhaltigen Fortschritt hintangehalten.

Die belgische Verfassung hob jeden Unterschied der Stände auf; — erklärte die vollkommene Gleichheit aller Staatsbürger vor dem Gesetze, sowie in Bezug auf die Zulässigkeit zu den Staatsämtern.

Durch die Anerkennung des Grundsatzes: „alle Gewalten gehen vom Volke aus" hat sie scheinbar den Principien der französischen Revolution von 1789 gehuldigt; — sie hat ferner Neuerungen zusammengefaßt, welche **England** und die nordamerikanische **Republik** ausbildeten und sich dabei zugleich an Einrichtungen **altgermanischer** Freiheit angelehnt, wie sich dieselben noch theilweise in den Communen des Landes erhalten hatten.

Die belgische Verfassung verbürgte neben der persönlichen Freiheit und der Sicherheit des Eigenthums — auch die **w i c h t i g s t e n B e f u g n i s s e des Menschen**:

Unterrichts- und Glaubensfreiheit, das Vereins- und Versammlungsrecht, — die Preßfreiheit, — sowie den Schutz des Briefgeheimnisses, — allerdings Rechte, welche auch verschieden gestaltete Garantien **g e g e n den Mißbrauch dieser Freiheit bedürfen.**

A e h n l i c h e s b e s t e h t i n O e s t e r r e i c h; — Manches v e r s c h i e d e n.

Die belgische Constitution vom J. 1831 hatte die vollständige Trennung der Kirche vom Staate ausgesprochen; — es geschah dies — vor fast einem halben Jahrhundert — in einem durchwegs katholischen Lande; — sie erklärte die Gleichberechtigung **a l l e r** Religionsgesellschaften, sowie die Unabhängigkeit des bürgerlichen Actes der **o b l i g a t o r i s c h e n** Civilehe von der, vielleicht nachfolgenden, kirchlichen Trauung.

Sie unterwirft alle Staatsbeamten einer Anklage vor Gericht wegen ihrer Amtshandlungen und regelt genau das Verhältnis der **S t a a t s g e w a l t e n.**

Der König ist im Besitze keiner anderen Macht als der constitutionsmäßigen.

Die Prärogative der Krone bestehen in den bekannten Hoheitsrechten, wornach der König das Recht des Gesetzesvorschlages ausübt und ihm das absolute Veto, gegenüber beiden Kammern, zukömmt.

Er hat das Recht der Ernennung und Entlassung der — **v e r a n t w o r t l i c h** — erklärten Minister.

Der König besetzt die obersten Amtsstellen; ja aus seiner Verleihung führen auch die Richter ersten Grades, ferner die Friedensrichter, ihr Amt.

Er kann die Kammern zu außerordentlichen Sitzungen einberufen, — während die regelmäßige Zusammenkunft derselben in jedem Jahre auch ohne königl. Einladung, kraft der Verfassung selbst, geschieht.

Der König hat das Recht, die Kammern zu vertagen und aufzulösen, sowie den Schluß der Sitzung zu bestimmen.

Die belgische Verfassung anerkennt wie die unsrige, jene **G r u n d sätze**, wornach der König die Land- und Seemacht befehlige, — Krieg erkläre und Frieden schließe, — das Recht habe, Bündnisse und Handelsverträge einzugehen; doch bedürfen alle Conventionen, welche den Staat belasten, oder einzelne Bürger desselben verpflichten könnten, — noch der besondern Zustimmung der Kammern.

Der König hat die **E h r e n r e c h t e**, militärische Orden, unter Beobachtung der hierüber bestehenden Vorschriften, zu verleihen und den Adel, ohne irgend ein Vorrecht, zu ertheilen.

Er übt das Recht der Strafmilderung, sowie der völligen Begnadigung und genießt alle königlichen Ehren.

Die belgische Verfassung von 1831 unterscheidet die drei Gewalten, die **gesetzgebende**, welche der König in Uebereinstimmung mit den Kammern übt, — die **vollziehende**, welche dem König und seinen Behörden allein zukömmt, dann die **richterliche**, welche in den Händen — **unabhängig** — gestellter Gerichte ruht. Es ist hier nicht der Ort, das Ungenügende dieser Unterscheidung nachzuweisen. Die Sprechweise hat diese Eintheilung der Staatsgewalten beibehalten.

Genaue Bestimmungen betreffen ferner die Regelung des Staatshaushaltes, die Erlassung der Steuergesetze, die Handhabung der Finanzen, sowie die Einflußnahme auf das Militärwesen.

Endlich wird die **Selbstverwaltung** der Provinzen und Gemeinden für ihre autonomen Angelegenheiten festgesetzt. Auch die spätern organischen Gesetze Belgiens haben diese Grundlagen beibehalten; ja alles Wesentliche davon ist bereits ein **Gemeingut** aller Culturvölker geworden; — wir selbst, in Oesterreich, haben auf dem Wege zur politischen Freiheit — wenn auch nicht immer mit gleichen Mitteln und Erfolgen — **dieselben** Fortschritte gemacht.

Wenn sich die Zusammensetzung der Kammern, — die Berufung, **dort** der Senatoren, **hier** von Herrenhausmitgliedern, die Wahlgesetze, das Friedensrichteramt, die absonderlichen Zugeständnisse und das Wechselspiel der Parteien, u. d.gl. m. ganz wesentlich in den einzelnen Ländern unterscheiden, — oder die eine oder die andere Einrichtung gar nicht vorkömmt, — so hat es selbstverständlich seinen Grund darin, daß hiefür überhaupt kein mustergiltiges Vorbild anerkannt ist, — relative Werthschätzungen keinen Ausschlag geben, — endlich darin, daß die verschiedenartigsten Zustände und Bedürfnisse auch ihre **besondere** eigenthümliche Gestaltung und Befriedigung verlangen.

In Oesterreich zumal sind hierin die **schwierigsten** Probleme bei einer **Sparsamkeit** zu lösen, welche **nirgends** hinzupassen scheint.

Mangel an Consequenz, das Verkennen der Mittel und Ziele, die Politik von Heute auf Morgen, können unberechenbaren Schaden herbeiführen.

Jene großen Errungenschaften aber, welche Befugnisse und Freiheitsrechte der **Staatsbürger** enthalten, sind auch in unserem Vaterlande einheimisch geworden.

Wir dürfen uns freuen, daß die legislativen Factoren Oesterreichs **Kaiser und Reichsrath**, — zumal seit dem Jahre 1867, der **politischen Freiheit** alle jene **Bahnen** eröffnet haben, welche dem gegenwärtigen, sehr abgestuften, Culturzustande der österreichischen Kronländer angemessen sind, — oder ihm angepaßt werden können.

Wir werden dies mit **wenigen Worten anzudeuten** haben.

IV.

Die österreichische **Reichsvertretung** — nach Gruppen, wie bekannt, gebildet — geht seit dem Wahlgesetze vom 2. April 1873 aus directen Wahlen hervor; die **Landesordnungen** bestehen in Wirksamkeit, zumeist auf Grund von Gesetzen seit dem 26. Februar 1861; die Abgeordneten des Reichsraths und der Landtage sind **unverletzlich** und **unverantwortlich** (Gesetz vom 3. October 1861); die Regelung des mannichfach gegliederten **Gemeindewesens** hat vieler Orten zur Durchführung gebracht jene Grundsätze vom 5. März 1862, welche der freien **Selbstverwaltung** einen Spielraum eröffneten. Sie werden sich überall **dort** wohlthätig erweisen, wo die Bevölkerung hiezu herangereift ist und wo eine strenge Handhabung der **Verantwortlichkeit** des Communalamtes auch wirklich angewendet werden kann.

Der **politische Verwaltungsorganismus** wurde reformirt, zumal durch die Gesetze vom 19. Mai 1868 und 15. April 1873.

Die **allgemeinen persönlichen Freiheitsrechte**, wie die — der Person, des Hausfriedens, des Briefgeheimnisses, der Freiheit der Verehelichung, der Gleichheit vor dem Gesetze, der allgemeinen Aemterfähigkeit, — sind durch Gesetze aus verschiedenen Jahren, besonders seit dem Jahre 1862, namentlich aber durch das österreichische **Staatsgrundgesetz** vom 21. December 1867 über die **allgemeinen Rechte der Staatsbürger** — anerkannt.

Hier müssen wir rühmend hervorheben auch die neue österr. **Strafproceßordnung** vom 23. Mai 1873, welche, zumal in ihrem 12. Hauptstücke und den zugehörigen Specialgesetzen, die persönliche Freiheit der Staatsbürger nur insoweit beschränkt, als es unumgänglich nöthig ist.

Aus dieser großen Gruppe von **allgemein persönlichen Freiheitsrechten** lassen Sie mich, hochgeehrte Anwesende, nur diejenigen hervorheben, welche ein strahlendes Licht werfen auf den großen **Umschwung** der Verhältnisse.

Es erfolgten, wie bekannt, durch verschiedene Gesetzgebungsacte, seit dem Jahre 1849, die Aufhebung des **Unterthanverbandes**, — die Entlastung von Grund und Boden, — eine vortheilhafte Entschädigung für die Bezugsberechtigten —; endlich wurde am 12. April 1869 auch der letzte Ueberrest des Lehenexus aufgelöst.

Alle **feudalen** Beziehungen des Grundbesitzes sind nunmehr **beseitigt**; — selbst das in ähnlichen Zuständen wurzelnde Contadinen-Verhältnis der Colonen in Dalmatien wurde in diesem Jahre (1878) aufgehoben.

Eine neue Organisation der **Arbeitskräfte** hat sich zu entwickeln.

Ein anderes Beispiel!

Mit der kaiserl. Verordnung vom 18. Februar 1860 wurde die **Realbesitzfähigkeit** der Juden in Galizien und in der Bukowina (nach langer Verweigerung dieses Rechtes) — nur unter der Voraussetzung einer gewissen Schulbildung zugelassen; allerdings ist diese Bedingung für Gemeindemitglieder in Czernowitz schon 1864 aufgehoben; doch erst die vor elf Jahren erschienenen Staatsgrundgesetze haben alle diese und ähnliche Beschränkungen beseitigt; — die Rechtsfähigkeit allgemein erweitert; — selbstverständlich sind damit auch hinweggefallen die Verbote, daß Christen sich bei Juden verdingen, oder jüdische Meister christliche Lehrlinge aufnehmen, — ebenso daß Juden und Christen zusammenwohnen dürfen; — ferner in Wegfall gekommen, was sich noch als ständisches oder confessionelles Hinderniss erhalten hatte.

Wenn auch diese rasch emporblühende Stadt mit neuen und schönen Bauwerken geziert wird, sind nicht wenige davon ein Zeugniss dafür, welch' reicher Segen entsprossen ist der **allgemeinen persönlichen Freiheit**.

Einen so großen Fortschritt diese Reformen bezeugen, ist es auch der Fall mit allen jenen Befugnissen, welche wir als **ökonomische Freiheitsrechte** bezeichnen können.

Hieher gehören: das Fallenlassen aller Zunftbeschränkungen, die Hinwegräumung des Unterschiedes von adeliger und unadeliger Gutseigenschaft; oder sagen wir mit andern Worten: die **Gewerbefreiheit**, erweiterte Handelsberechtigung, sowie die **allgemeine Besitzfähigkeit** von Grund und Boden.

Eine wichtige, **andere** Gruppe neuer Freiheitsrechte bilden auch die sehr vermehrten Befugnisse der **Bewegung von Ort zu Ort**, als: die Reise- und Paßfreiheit, die Freizügigkeit — das Recht des Aufenthaltes und der Niederlassung in jeder Gemeinde, sowie jenes — nur durch die Wehrpflicht beschränkte — Recht der Auswanderung und des freien Wegzugs des Vermögens, — Rechte, welche früher so vielen Hemmnissen unterworfen gewesen sind.

Eine **vierte**, sehr bedeutungsvolle, Gruppe von Freiheitsbefugnissen betrifft den **Schutz der geistigen Arbeit**, das sogenannte Urheberrecht, — den Schutz der Marken und Muster, und jenen **der Erfindungspatente**.

Eine fünfte Gruppe können wir bezeichnen, als die Grundrechte der **geistigen Freiheit**.

Sie ragt riesig hervor über alle jene harten Fesseln, welche ein unlängst entschwundenes Zeitalter noch zu ertragen hatte.

Zu dieser Gruppe zähle ich auch den obligatorischen **Volksunterricht**, der aber nur dann die reifsten Früchte tragen wird, wenn derselbe, durch das Mittel der deutschen Verkehrssprache, auch die allgemeine Leistungs- und Concurrenzfähigkeit emporgehoben haben wird; dann aber gehören zu dieser Gruppe vornehmlich: die **Freiheit der**

Wissenschaft und Lehre, die freie Meinungsäußerung, — die Preßfreiheit — und endlich zu allermeist die religiöse Bekenntnißfreiheit.

Auf diesem Gebiete verehren dankbar zahlreiche Staatsbürger aller Confessionen: das Protestantenpatent vom 8. April 1861 und zugehörige Bestimmungen; dann besonders die interconfessionellen Gesetze, zumal jene vom 25. Mai 1868, — das Gesetz über das Verhältniß der Schule zur Kirche, — die facultative Civilehe; hernach das Gesetz vom 9. April 1870 über die Civileheschließung von Confessionslosen, und andere Ordnungen mehr; — endlich die gesetzliche Anerkennung von Religionsgesellschaften nach dem Gesetze vom 20. Mai 1874; u. s. w.

Der griechisch-orientalische Kirchencongreß der Metropolie von Czernowitz, — (nach der allerhöchsten Entschließung vom 9. August 1871), ist auch ein leuchtendes Beispiel jener Institutionen, welche sich auf diesem Gebiete der „Bekenntnißfreiheit" vollzogen haben.

Eine sechste Gruppe von Grundrechten stellt unter den Schutz, allerdings vorsichtigweiser Gesetze; das Vereins- und Versammlungsrecht (15. November 1867); ebenso ist das Beschwerderecht und die Petitionsfreiheit, unter gewissen Beschränkungen, wie solche auch in England nicht unbekannt sind, den österreichischen Staatsbürgern gewährleistet.

Mit diesen außerordentlich großen Errungenschaften der Neuzeit ist aber unser voller Gewinn nicht genugsam bezeichnet.

Wir müssen noch einige eigenthümliche Garantien unserer verfassungsmäßigen Freiheit anführen.

Ich will und kann nicht in dieser kurzen Halbstunde — des Weitern schildern — wie sehr auch die überaus werthvollen Institutionen hervorgehoben zu werden verdienen:

die Festsetzung der Hoheitsrechte des Monarchen in dem Staatsgrundgesetze „über die Ausübung der Regierungs- und Vollzugsgewalt vom 21 December 1867" — das Gelöbniß des Kaisers auf die Reichsverfassung; — will nicht schildern die Ministerverantwortlichkeitsgesetze, zumal jenes vom 25. Juli 1867, — dann das Erforderniß erhöhter Majoritäten zur Abänderung der Reichsverfassung und der erwähnten Grundrechte; — will auch nicht weiter berühren: die Controle der Staatsschuld, — alle Stadien gewissenhaft geprüfter Budgetgebarung, — und dergleichen Garantien mehr, welche unser constitutionelles Staatsleben verbürgen; — sondern nur noch hindeuten auf jene neueren Schöpfungen in unserm großen Vaterlande, welche zugleich den Schutz der politischen Freiheit mitübernehmen.

Als solche, sei mir erlaubt, nahmgast zu machen:

das Staatsgrundgesetz über die **richterliche — unabhängig** erklärte — **Gewalt** vom 21. December 1867; dann jenes Gesetz vom 12. Juli 1872 über das Klagerecht der Parteien gegen richterliche Beamte; — ferner: die **Schwurgerichte, — Oeffentlichkeit und Mündlichkeit,** — im schwereren Strafverfahren und bei Preß= delicten, sowie die immer mehr durchgeführten **Gefängnißreformen.**

Endlich schließt diese lange Reihe wahrhaft großartiger Neuschöpf= ungen: Die Einsetzung des **Reichsgerichts** (vom 21. December 1867), bei welchem auch der, in seinen politischen Rechten verletzte, Staatsbürger unparteiischen Schutz und Herstellung seines Anspruchs findet; dann die Errichtung des **Verwaltungsgerichtshofes** (Gesetz vom 22. October 1875), dessen Wirkungskreis sich auch dahin erstreckt, jeder Ein= zelperson gegen irgend eine, ihr administrativ zugefügte, Ungebühr beseiti= gende Abhilfe zu verschaffen.

Wie groß nun auch der Umkreis all' dieser Befugnisse unserer sehr erweiterten Rechtsfähigkeit sein mag, — wurzelt doch die echte Freiheit nicht hierin allein, — sondern weit mehr in einer ähnlichen **Erwei= terung unserer Leistungsfähigkeit, in der vollen Ausübung staatsbürgerlicher Pflichten.**

Das Vaterland hat nicht allein **Rechte** zu gewähren, immer mehr großartige **Culturaufgaben** zu erfüllen, sondern auch **immer mehr Leistungen zu fordern.**

Wir denken bei diesen Leistungen nicht nur an die Pflicht der Treue und des **Gehorsams,** gegenüber den Gesetzen und Amtsorganen, — an die ungern ertragenen **Steuer=** und **Wehr=Pflichten,** — an jene zu **wählen,** und ein **Ehrenamt** unentgeltlich zu über= nehmen, — an den **Geschwornendienst,** — und dergleichen Leistungen mehr, — zumal in **Gemeindeangelegenheiten,** — sondern wir denken hiebei zugleich **an die** — auch Uns liebwerthe **Commilitonen** in der akademischen Jugend — gebotene Pflicht, in **allen** Lebensverhältnissen und Berufskreisen — **durch rastlose Ar= beit** — den Kreis unserer **Aufgaben zu erfüllen.**

Hat uns Alle die Verfassung als österreichische Staatsbürger em= porgehoben, — so wollen wir die erreichte Stellung behalten, — damit Uns Niemand diese Krone raube, — aber nur, um **weiter fort= zuschreiten:**

„**für Wahrheit und Recht —
für Kaiser und Vaterland.**"!

Erinnerungs-Blätter.

Separatabdruck aus den Berichten

der

„Academischen Lesehalle"

an der

k. k. Franz-Josefs-Universität

in Czernowitz.

I. Grillparzer-Feier, 1891.
II. Schuler-Libloy-Jubiläum, 1892.

Czernowitz, 1894.
K. k. Universitäts-Buchhandlung H. Pardini.
(Engel & Suchanta).

Die Grillparzer-Feier.

Mit einem Gefühle berechtigten Stolzes kann die „Academische Lesehalle" auf das Jahr 1891 zurückblicken; in diesem Jahre ist es uns gelungen, mit Hilfe der Elite der hiesigen Bürgerschaft eine studentische Feier zu veranstalten, wie sie seit den Tagen der Gründung unserer Universität hier nicht stattgefunden.

Schon in der Ausschußsitzung vom 2. November 1890 stellte Herr stud. jur. J. Wender, indem er in markanten Zügen die Bedeutung Franz Grillparzer's als Dichter und als Mensch schilderte, den Antrag, den 15. Jänner des Jahres 1891 als Säcularfeier des Tages, an welchem unser größter vaterländischer Dichter zu Wien das Licht der Welt erblickt hatte, in studentischer Weise ernst und würdig zu begehen, welcher Antrag mit stürmischem Beifall aufgenommen wurde. Gleichzeitig wurde beschlossen, den Ausschuß durch Cooptation von vier älteren Mitgliedern zu verstärken, und, wenn nöthig, sämmtliche Vereinsgenossen zur Unterstützung heranzuziehen. Das sohin gewählte Comité, welches aus den Herren: stud. jur. J. Boroslawski, Dr. jur. J. Goldhacker, cand. jur. E. Horn, stud. phil. E. Jaskulski, Dr. jur. A. Mittelmann, stud. jur. D. Schwarzwald, stud. jur. S. Seidner, cand. jur. M. Stiglitz, stud. jur. J. Wender, stud. jur. J. Wolanski und stud. jur. G. v. Wolfframm bestand, trat sofort zusammen und beschloß, die Geburtstagsfeier des österreichischen Dichterfürsten in Form eines solennen Commerses zu veranstalten. Zugleich wurde beschlossen, unser Ehrenmitglied Se. Magnificenz den Herrn Regierungsrath Prof. Dr. F. Schuler v. Libloy um Uebernahme des Ehrenpräsidiums über diese Feier zu ersuchen. Se. Magnificenz erklärte sich auch sofort in der ihm eigenen liebenswürdigen Weise bereit, das geplante Fest mit Rath und That zu unterstützen, nahm das ihm angebotene Ehren-Präsidium an und widmete aus diesem Anlasse der „Akademischen Lesehalle" ein patriotisches Festgedicht. Auch versicherte sich das Comité der Mitwirkung des heimischen Recitators Conrad Pekelmann, der dieselbe bereitwilligst zusagte.

Kaum verbreitete sich die Kunde von unserem Vorhaben, als auch in der Bevölkerung der Wunsch rege wurde, Grillparzer entsprechend zu ehren. In der Versammlung, welche von der Redaction der hier erscheinenden illustrirten Zeitschrift „Im Buchwald" einberufen ward, wurde nun Dank den Sympathien, deren sich die „Academische Lesehalle" von Seiten der Bevölkerung erfreut, über Antrag des Herrn Redacteurs M. Stekel beschlossen, einmüthig mit uns vorzugehen und gemeinsam im größten Style den hundertsten Geburtstag Grillparzer's zu verherrlichen. Demzufolge wurde aus der Bevölkerung ein eilfgliedriges Comité gewählt, bestehend aus den Herren: Advocat und Obmann des „allgem. Turnvereines" Dr. J. Dornbaum, Schulrath und Director der Lehrer- und Lehrerinnenbildungsanstalt D. Isopescul, Schulrath und Realschuldirector Dr. W. Korn, Gewerbeschuldirector J. Laizner, Advocat und Schriftführer des „Vereines zur Förderung der Tonkunst in der Bukowina" Dr. J. Reiß, Redacteur der „Bukowinaer Rundschau" M. Stekel, Redacteur der „Buk. Nachrichten" A. Wallstein, Rechnungsrevident und Obmann des „Männer-Gesangvereines" F. Wilhelm, Schulrath St. Wolf, Schulrath und Gymnasialdirector C. Würfel und Landesrath und Chefredacteur der „Czernowitzer Zeitung" A. Zachar.

Beide Comités vereinigten sich zu einer Reihe im Vereinslocale der „Akademischen Lesehalle" abgehaltenen Sitzungen, welche unter dem Vorsitze des Ehrenpräsidenten Reg.-Rathes Dr. Schuler v. Libloy und mit werkthätiger Unterstützung der Mitglieder unseres Vereines der Herren Universitätsprofessoren Dr. E. Pruza und Dr. E. Mischler abgehalten wurden. Unter Zugrundelegung des von dem Comité der „Akademischen Lesehalle" beschlossenen Planes wurde das Programm bis ins kleinste Detail festgesetzt und alle Schritte unternommen, um das Gelingen der Feier zu ermöglichen. In opferwilligster Weise stellte uns der „Verein zur Förderung der Tonkunst in der Bukowina" den großen Musikvereinssaal zur Verfügung, während das löbl. Commando des k. u. k. Linien-Infanterie-Regimentes Erzherzog Eugen Nr. 41 die vollständige Musikkapelle überließ. Universitätsprofessor Dr. A. Grawein übernahm es, die Festrede zu halten, der Director des Musikvereines Herr A. Grimaly, das obenerwähnte Festgedicht in Musik zu setzen und auch der löbl. Männer-Gesangverein versprach seine Mitwirkung. So konnte denn durch das Zusammenwirkung aller dieser Factoren das zustande kommen, was im Folgenden, soweit das Materiale in unserem Archiv vorhanden ist, ausführlich geschildert werden soll.

Zunächst wurde Grillparzer am 15. Jänner an jener Stätte, für welche er am meisten gewirkt, im Theater gefeiert. Zur Aufführung gelangte im hiesigen Stadttheater das fünfactige Trauerspiel „Sappho", welches mit einer Festouverture und einem vom hiesigen Schriftsteller O. J. Nußbaum verfaßten Prologe eingeleitet wurde. An dieser Festvorstellung betheiligte sich die „Ak. Lesehalle" corporativ; in den

Logen der Bühne gegenüber saß das Präsidium unseres Vereines in gelb-schwarz-gelben Schärpen, während die übrigen Mitglieder im Festkleide die ersten Reihen im Parterre füllten. Das ganze Haus war bis auf das kleinste Plätzchen ausverkauft und konnte man in jedem Besucher die wahrhaft innige Freude über die Ehrung, die den Manen des vater-ländischen Dichters zutheil wurde, erblicken.

Die studentische Gedenkfeier fand am darauffolgenden Abend im großen Musikvereinssaale statt. Derselbe war glänzend geschmückt. Das Concertpodium war in einen Blumenhain verwandelt, an dessen Raine die Büsten Ihrer Majestäten auf hohen Postamenten prangten, während die lorbeerumkränzte Büste Grillparzer's überragend die Mitteldecorationen, hinter welcher die Regimentsmusik postirt war, abschloß. In den Logen und auf den Tribünen blühte ein reicher Damenkranz und schenkte dem Saale einen bestrickenden Reiz, dessen höchsten die Anwesenheit der ver-ehrten Gemahlin des Herrn k. k. Landespräsidenten, der Frau Gräfin M a r i e P a c e, mit welcher, in Vertretung des von Czernowitz abwe-senden Herrn k. k. Landespräsidenten, Regierungsrath Josef K o c h a -n o w s k i erschienen war, bildete. An der einen, nach der Breite des Saales aufgestellten Tafel präsidirte der Ehrenpräsident, Se. Magnificenz Regierungsrath Prof. Dr. S c h u l e r von L i b l o y, ihm zur Seite saßen Se. Excellenz der Landeshauptmann Baron W a s s i l k o = S e r e c k i, k. u. k. Oberst T u m a mit zahlreichen Officieren der Garnison, Vice-bürgermeister Dr. F e c h n e r als Vertreter des verhinderten Bürgermeisters A n t o n R i t t e r v. K o c h a n o w s k i, denen sich eine große Zahl an Festgästen von Rang und Stellung anschlossen. An fünf nach der Länge des Saales aufgestellten Tafeln nahmen die überaus zahlreich erschienenen Festgenossen, die Vertreter der acad. Corps „A l e m a n n i a", „A u s t r i a", „D a n u b i a" und „S a x o n i a", der Wiener Landsmannschaft „B u -k o w i n a", des romänisch-acad. Vereines „J u n i m e a", des polnisch-acad. Vereines „O g n i s k o", die Mitglieder des G e s a n g v e r e i n e s, Vertreter und Angehörige aller Stände und Berufe, Platz. Nicht unerwähnt darf es gelassen werden, daß sich unter den Anwesenden Angehörige aller im Lande vertretenen Nationalitäten befanden, so daß sich auch dadurch die Feier als Ehrung nicht nur des deutschen, sondern des eminent ö s t e r -r e i c h i s c h e n p a t r i o t i s c h e n Dichters darstellte. Ein naher Ver-wandter Grillparzer's, ein Neffe des Gefeierten, Herr K a r l R i t t e r v. B a u m g a r t e n, verlieh durch seine Anwesenheit dem Feste eine be-sondere Weihe.

Ehrenpräsident Rector magnificus Reg.-Rath Prof. Dr. S c h u l e r v. L i b l o y eröffnete unter Hinweis auf den Zweck des Festes den Commers, worauf das „Gaudeamus" angestimmt wurde. Hierauf be-grüßte der Präses der „Akademischen Leshalle", cand. jur. M. S t i g l i t z, die Festgäste auf's Herzlichste, indem er in kurzen Zügen das Zustande-kommen dieses Festes schilderte. Sodann folgte die Absingung des Grillparzer'schen Gedichtes „Als ich noch jung war" in der Composition von Engelsberg. Kaum legte sich der Beifall, welcher dem Männer-Gesangvereine gezollt wurde, als Prof. Dr. A. Grawein die Rednertribüne bestieg und folgende Festrede hielt:

„Wer bei einer Gelegenheit wie der heutigen auf die Tribüne tritt, um der festlichen Stimmung Aller seine Zunge zu leihen, der hat nach einem hergebrachten Brauch die P f l i ch t, mit einem gewissen Aufwand von Gelehrsamkeit den g a n z e n L e b e n s l a u f jenes Mannes zu schildern, dessen Angedenken gefeiert werden soll. Dieser allgemeine Brauch hat auch ohne Zweifel sein gutes Recht. Denn es genügt uns nicht, nur das k ö r p e r l i ch e B i l d des verehrten Mannes vor uns aufzurichten. Auch das i n n e r e Auge will Rückschau halten, auch in der S e e l e soll uns das Bild lebendig werden durch eine Schilderung seines Wirkens und Schaffens, damit ein jeder Festgenosse im dankerfüllten Herzen seinen K r a n z niederlegen kann für seinen Antheil an jener reichen Erbschaft, die aus dem Leben des großen Mannes auch auf das s e i n i g e herabfloß. Auch im Alltagsleben pflegt sich die Erinnerung an unsere abgeschiedenen Lieben noch treuer zu vertiefen, wenn wir die verwaisten Schränke öffnen und jene Gegenstände pietätvoll durch die Hände gleiten lassen, die uns als Reliquien zurückgeblieben sind. Was erscheint daher natürlicher, als daß wir auch am Ehrentage unseres größten vaterländischen Dichters ein edles Stück seines Nachlasses nach dem andern aus der übervollen Truhe seiner Werke nehmen und uns dabei erzählen lassen, wann er dieses und wo er jenes hervorgebracht hat und wie viel Herzblut aus des Dichters eigenem Leben auf seine Gestalten hinübergeflossen ist. Hiernach würden Sie also den Anspruch gegen mich besitzen, eine gründliche Biographie Grillparzer's und ein ausführliches Capitel aus der heimischen Literaturgeschichte von dieser Stelle aus zu vernehmen.

Trotzdem beginne ich mit dem Geständnis, daß ich mit leeren Händen vor Ihnen stehe. Das heißt, daß ich Ihnen nichts zu bieten die Absicht hege, was auch nur entfernt den Anspruch auf einen fachgelehrten Vortrag erheben könnte. Und da man bekanntlich sehr geneigt ist, aus der Noth eine Tugend zu machen, so werden Sie nicht überrascht sein, wenn ich zu behaupten wage, daß ich nicht ohne guten Grund von der hergebrachten Ordnung abzuweichen mich entschlossen habe. Es wäre mir vielleicht nicht allzu schwer gewesen, aus dem reichen Material, welches in den letzten Tagen sogar in allen Zeitungen bereit lag, schlecht und recht die übliche Festbiographie zu schmieden. Zumal ja aus des Dichters eigener Feder eine ebenso umfangreiche wie freimüthige Schilderung seines Lebens auf uns gekommen ist, welche bis zur Höhe seiner Schaffenszeit hinanreicht und welcher auch die Herren Fachgelehrten bis heute nichts Erhebliches hinzuzufügen im Stande waren.

Nicht die N o t h ist es also, was meine Hände leer macht, sondern der R e i ch t h u m, der sich von allen Seiten bietet und der sich ganz unmöglich in den knappen Rahmen unseres Festprogrammes zusammenzwängen ließe. Wollte ich es dennoch mit Gewalt versuchen, ich müßte fürchten, daß anstatt eines herzerhebenden Rückblicks auf ein Dichterleben etwas ganz Anderes dabei herauskommt, nämlich ein trockenes Verzeichnis von Namen, Jahreszahlen und Büchertiteln. Nur der Hausrath eines armen Mannes läßt sich im engen Raume seines Wohnstübleins mit einem Blicke voll zusammenfassen. Die Prunksäle und die Schatzkammern eines Krösus aber werden für das Auge des flüchtigen Besuchers sehr leicht zu einem sinnverwirrenden Museum, durch das man hastigen Schrittes dahinzueilen pflegt, um vor lauter Nummern, Namen und Etiketten geradezu das Allerbeste zu übersehen — nämlich die Schönheit der ausgestellten Dinge selber. Auch Franz Grillparzer ist ein solcher Krösus im Reich der Geister, und es gebe meines Dafürhaltens keinen verkehrteren Weg, uns heute dankbar in sein Angedenken zu versenken, als das flüchtige Durchjagen seines langen Lebensweges an der Hand eines literarischen Cicerone. Aus diesem Grunde möge es mir verstattet sein, nur einzelne und nur wenige Momente aus der festlichen Stimmung des Abends herauszuheben, dafür aber gerade diejenigen, welche der heutigen Feier ihre besondere Signatur verleihen.

Mein Gedächtnis in der Festchronik dieser Stadt reicht zwar nicht weiter zurück, als auf ein Dutzend Jahre aber ich glaube nicht zu übertreiben, wenn ich behaupte, daß dieser Saal noch kein schöneres und vor Allem, daß er noch kein einmüthigeres Fest gesehen haben dürfte, als das heutige. Und gerade dieser Umstand ist es, der mich als Festredner in erster Linie zu längerem Verweilen ladet. Denn, wenn in irgend einem Lande eine große einmüthige Feier ihren besonderen Werth besitzt, einen Werth, der hinausreicht über die engen Stunden des Programmes, so gilt dieses für die Bukowina. Allgemeine Feste und gemeinsame Stunden der Freude sind nach meiner Ansicht mehr als ein bloßer Schmuck des Lebens, mehr als ein bloßer Zeitvertreib für den Einzelnen. Denn solche Feste sind oft das Einzige, was die losen und die widerstrebenden Elemente eines ganzen Volks zusammenhält, und gerade um diesen Kitt ist es hierzulande sehr schlecht bestellt. Denn so reich auch das Lob dieses Landes im Munde seiner Verehrer erklingen mag, einen großen Mangel werden auch sie mit schwerem Herzen zugestehen müssen: es gibt hier keine wahren Fest- und Feiertage. Der hiesige Kalender erscheint allerdings verschwenderischer als irgendwo mit rother Farbe ausgestattet, und wir Lehrer und die Herren Studenten haben hier ein gutes Leben — das heißt, wie man die Sache nimmt! Denn das bloße Nichtsthun macht ja nicht den wahren Feiertag. Die Muße soll nur die leere Form abgeben, in welche erst die Musen den Inhalt gießen: die Erhebung des Gemüthes nämlich macht erst den rechten Feiertag, die Reinigung des inneren Menschen vom Staub des Werkeltages — darin liegt der wahre Sonntag. Der Mensch muß die Sorge und die Noth des Lebens auf kurze Zeit aus dem äußeren

Auge verlieren können, nur dann ist er im Stande, auch den inneren Blick auf etwas Höheres zu richten. Hierzulande aber verschwindet die Noth und die Sorge des Werktages gar niemals aus den Gassen — kein Glockenton ruft hier zu gemeinsamer Erhebung der Herzen, keine Festfioel ladet hier zu gemeinsamer Fröhlichkeit. Während der Eine mit dem besten Rock am Leibe und den schönsten Gefühlen in der Seele aus dem Hause schreitet, stößt er' auf den Nachbar, der im Schweiß des Werktags die Last des Lebens durch die Straßen wälzt. Das Bild des Menschendaseins ist hier ein ewig langer banger Arbeitstag — die Poesie des allgemeinen Feierabends unbekannt — und selbst der freudigste Ruf des ganzen Jahres, der anderwärts wie ein großer Chor durch Stadt und Land geht — das Prosit Neujahr — selbst dieser Freudenruf der Menschenseele ertönt hier zu ganz verschiedenen Zeiten. Fürwahr, man muß sich wundern, daß wenigstens die liebe Sonne am Himmel einträchtig für alle Gerechten und Ungerechten zu gleicher Zeit am Morgen aufgeht und des Abends niedersinkt!

Sie werden vielleicht die Frage an mich richten, wie ich denn vom großen Dichter auf den Bukowinaer — Landeskalender gerathen bin? Sehr einfach — weil ich Ihnen zeigen wollte, daß ein großer Dichter manches Mal ein größeres Wunder zu Stande bringt, als alle Heiligen im Kalender: In diesem Saale sind heute wohl an die tausend Menschen versammelt — verschiedenen Blutes und verschiedenen Gottes — und dennoch leuchtet eine und dieselbe Festfreude aus aller Augen und ein Name hebt sich andächtig aus aller Herzen empor auf unsere Lippen. Was die überirdischen Mächte niemals vermochten, das brachte ein großer Mensch zuwege — und darin liegt nach meiner Ansicht das erste und bedeutsamste Moment dieses festlichen Tages.

Ich bin auch der sichern Ueberzeugung, daß diese Stunden der gemeinsamen Gemüthserhebung fortwirken werden in die Prosa des Werktagslebens. Denn wer einmal mit einem Andern so recht herzhaft aus gleichem Festbecher getrunken hat, der wird seinem ehemaligen Kameraden in der Zukunft viel weniger leicht den Trank der Zwietracht kredenzen.

Und darin liegt eben der Werth der allgemeinen Feste für das Leben und Gedeihen eines ganzen Volkes. Denn daß die Menschen innerhalb der gleichen Mauthschranken wohnen, das bringt noch nicht ihre Herzen einander näher. Im Gegentheile — wenn verschiedene Interessen und verschiedene Sprachen, verschiedener Glaube und verschiedene Politik in den gleichen Stadtmauern beisammen wohnen, dann verwandelt sich der gemeinsame Wohnplatz sehr leicht zum allgemeinen Kampfplatz, und um solches zu verhüten oder wenigstens zu mäßigen, gibt es kein besseres Mittel, als die wiederkehrende und gemeinsame Erhebung der Gemüther in das neutrale und ideale Reich der Künste.

Heute befinden wir uns Gott sei Dank auf diesem friedlichen Gebiete, und wer uns mit seinem Zauberstabe dahin erhoben hat, das ist der große heimische Dichter, und es bleibt uns nur der eine Wunsch noch übrig, daß im Interesse des Friedens dieser Stadt nicht blos alle hundert, sondern in jedem Jahre mit rother Farbe der heilige Grillparzer im Landeskalender stehen möge.

Es gibt aber noch einen zweiten Punkt, der dieses Land mit dem großen vaterländischen Dichter in eine besondere und nähere Beziehung setzt. Wir feiern heute seinen hundertsten Geburtstag, und als vor ebensoviel Jahren in der Hauptstadt dieses Reiches der junge Staatsbürger in der Wiege lag, da waren kaum einige Monate seit jenem Tage verstrichen, an welchem jener große Kaiser ins Grab gestiegen, der die Bewohner dieses Landes zu Bürgern seines Reiches erhoben hatte. Ich meine den Kaiser Josef, unter dessen Scepter Bukowina an Oesterreich kam. Mit einer kleinen poetischen Licenz könnte man also sagen, daß der große Dichter und das kleine Kronland heute den nämlichen Geburtstag feiern. Jedenfalls sind aber alle beide im Laufe der Zeiten zu gleich tüchtigen und treuen Patrioten herangewachsen, und daß diese Entwicklung der jungen Provinz nicht allzu schwer fiel, dazu hat neben der Huld der Landesfürsten auch der österreichische Dichterfürst sein Schärflein beigetragen. Denn es besteht im Völkerrechte der Satz, daß nur jenes Territorium als voll erworben gilt, welches nicht nur occupirt, sondern auch thatsächlich beherrscht wird. Zum Beherrschen im humanen Sinn des neunzehnten Jahrhunderts gehört aber nicht bloß der Gerichtsbüttel und der Steuerexecutor, sondern es müssen auch die edleren Gewalten der Cultur, der Wissenschaften und der Künste in das neue Gebiet den Einzug halten. Den Reigen der Grazien und Musen hat aber schon von Alters her der lichte Gott Apollo angeführt und seine begnadeten Priester sind bekanntermaßen die Poeten. Wenn also dieses Kronland in der kurzen Spanne eines Jahrhunderts den gewaltigen Schritt aus der türkischen Barbarei zur abendländischen Gesittung mit Glück zurückgelegt hat, so gebührt dafür ein besonderer Dankeskranz auch dem großen Dichter unseres Reiches.

Das wären so ungefähr die Fäden, welche dieses ganze Kronland mit dem Namen Grillparzer's und mit der heutigen Feier in besondere Verbindung setzen. Was aber jeder Einzelne von uns in seinem privaten Schuldbuch verzeichnet hat — ich meine, was jeder Einzelne an erhebenden Eindrücken und genußvollen Stunden bis heute dem heimischen Dichter zu verdanken hat, dafür möge ein jeder von Ihnen selber in dieser weihevollen Stunde vor diesem Bilde sein b e s o n d e r e s Gebet verrichten. Denn mehr oder weniger hat der reiche Grillparzer gewiß bei jedem in diesem Saale etwas gut, am wenigsten freilich bei jenem Theile dieser festlichen Versammlung, der sich heute in der Majorität befindet: bei der Jugend und bei der Schönheit. Grillparzer ist nämlich durchaus keiner von jenen süßen Sängern, welche zuförderst die Frauenwelt und den Jüngling zu entzücken pflegen. Trotz der weichen und glatten Form seiner Sprache ist er dem Inhalte seiner Gedanken nach eine rauhe und stachlichte Natur und seine volle Wirkung wird er stets nur auf gereifte Männer üben. Nicht private Liebesqualen sind es, was er uns in seinen Gedichten klagt, sondern seinen Schmerz und seinen Zorn über alles Schlimme und Lächerliche im öffentlichen Leben seiner Zeit. Diese Zeit liegt zwar schon sehr weit hinter uns zurück, so weit, wie das Jahr 1848, aber Grillparzer's politische Lyrik ist deshalb noch lange nicht veraltet. Ihr Grundgedanke wird auch gar niemals seine Actualität verlieren, weil er seine Spitze gegen jene Uebelstände richtet, die wohl für immer mit dem öffentlichen Leben verbunden bleiben werden. Der Terrorismus der zünftigen Parteien nämlich ist es und die blinde Abhängigkeit der Menge von der politischen Schablone, was unseren Dichter am heftigsten in Harnisch brachte. Und im Gegensatz hiezu weiß er als echten Manneswerth nichts lauter und nichts höher zu preisen, als die Selbstständigkeit des Urtheils und die Freiheit von der Zwangsjacke des Parteiorakels. Ich will zur Probe dafür nur wenige Zeilen anführen, in welchen er sich selbst gewissermaßen ein politisches Ehrenzeugniß auszustellen meinte. Das kurze Epigramm trägt die Aufschrift „Zwischen den Extremen" und lautet:

    Als liberal einst der Verfolgung Ziel,
    Nennt jetzt der Freiheitstaumel mich servil:
    Nicht hier noch dort in den Extremen zünftig
    Möcht' ich vermuthen fast, ich sei vernünftig.

Ich bemerke zu meiner Freude eine stattliche Anzahl von gereisten Politikern in diesem Saale, welche durch ihre Gegenwart beim heutigen Feste dem Jubilar das Zeugnis eines großen und nachahmenswerthen Mannes auszustellen scheinen. Ich darf mich daher wohl auch der Vermuthung hingeben, daß alle diese Herren auch durch ihre Thaten diese vier kurzen Zeilen aus voller Seele unterschreiben werden. Und noch in einem anderen Punkte halte ich das Beispiel des großen Dichters für sehr nachahmenswerth. So tapfer er es nämlich zeitlebens verschmäht hat, sich in die blinde Gefolgschaft einer einzelnen politischen Partei zu begeben, ebenso tapfer hat er sich von allem Anflug an nationaler Hinsicht offen und ohne Wanken und auf die Seite des bedrohten Deutschthums gestellt. Wir wissen ja, daß der unleidliche Sprachenkampf in Oesterreich weit in Grillparzer's Lebenszeit zurückreicht, und wir dürfen uns daher nicht wundern, daß sich unter seinen Gedichten auch eines befindet, welches das Schlagwort „Sprachenkampf" als Aufschrift trägt. Das kurze Gedicht ist gerade in diesen Tagen, wo der Sprachenkampf auf Volkszählungsbogen wüthet, zeitgemäß geworden und auch sonst für den Dichter selber höchst charakteristisch, weil er uns als Humorist daraus entgegenlächelt. Und da es seine scharfe Spitze nur gegen die nationalen Ultras richtet, so wird sich wohl keiner von jenen Nichtdeutschen dadurch verletzt fühlen, welche dieses Fest durch ihre Anwesenheit beehren. Die Strophe lautet:

    Zu Aesops Zeiten sprachen d'e Thiere,
    Die Bildung der Menschen ward so die ihre;
    Da fiel ihnen aber mit einmal ein,
    Die Stammesart sollte das Höchste sein.
    „Ich will wieder brummen", sprach der Bär,
    Zu heulen war des Wolfs Begehr,

„Mich lüstet's, zu blöcken", sagte das Schaf,
Nur einer, der bellt, schien dem Hunde brav.
Da wurden allmählich sie wieder Thiere
Und ihre Bildung — der Bestien ihre.

Mit solchen und ähnlichen gereimten Leitartikeln, von denen Grillparzer's Gedichte strotzen, ist aber seine Bedeutung als eminent politischer Dichter noch lange nicht erschöpft. Seine größten Wirkungen auf dem Felde des öffentlichen Lebens erzielte er gerade dort, wo scheinbar von der leidigen Politik gar nicht die Rede war. So sonderbar es klingen mag, aber die erfolgreichsten Emissärinnen für seine Propaganda waren seine Idealgestalten im griechischen Costüm. Denn wenn eine Sappho über alle Bühnen Deutschlands ihren Triumphzug hielt, wenn ein Hero weit jenseits aller schwarz-gelben Grenzpfähle alle Herzen rührte, so waren dieses zunächst allerdings nur künstlerische Erfolge eines österreichischen Dichters. Aber zu gleicher Zeit waren diese Erfolge auch ebensoviele Siege, welche das Ansehen des gesammten österreichischen Staates im Auslande feierte. Die gemüthlichen Leutchen dort unten an der blauen Donau wo sich „am Herde ewig der Bratspieß dreht", schienen am Ende doch noch etwas Besseres zu bedeuten, als ein fideles Volk von Phäaken. Und indem der österreichische Dichter das Urtheil des Auslandes über seine Volksgenossen erfolgreich corrigirte, ward er zum Pionnier des Staatsmannes und sein Lorbeer verwandelte sich zuletzt in den Palmzweig des Friedens für zwei große Völker. „Auch die Imponderabilien wiegen etwas in der Politik", hat der große Kanzler „außer Dienst" einmal gesagt, und zu diesen gewichtigen Imponderabilien gehört sicherlich auch die Poesie. Jedenfalls darf man behaupten, daß das herzliche Verhältnis, welches derzeit zwischen Oesterreich und Deutschland besteht, mit auf den Respect baßt, den der Süden dem kälteren Norden auf die Dauer eingeflößt hat, und zu diesem internationalen Respecte hat neben der Tüchtigkeit unseres Heeres auch der österreichische Dichter etwas beigetragen. Nachdem der Franke Göthe und der Schwabe Schiller den Wiener Grillparzer in die Tripelallianz der deutschen Dichterfürsten aufgenommen hatten, war es nur mehr eine Frage der Zeit, daß auch das staatliche Siegel auf das poetische Bündnis unserer geistigen Führer gedrückt ward.

Jetzt dürften Sie nichts mehr dagegen einzuwenden haben, wenn ich wiederhole, was ich vorhin behauptet habe: daß Grillparzer ein eminenter Politiker gerade dort ist, wo er zunächst nichts anders sein will, als der ideale Dichter.

Auch die österreichische Regierung konnte sich auf die Dauer einer ähnlichen Erkenntnis nicht verschließen. Aber zum öffentlichen Ausdruck gelangte diese Erkenntnis erst nach dem berühmten Liede a n d e n F e l d m a r s c h a l l R a d e t z k y. Wir werden dieses Lied noch im Laufe dieses Abends a u s K ü n s t l e r m u n d vernehmen. Ich beschränke mich daher nur auf die Bemerkung, daß von jenem denkwürdigen Tage an, wo dieses Gedicht im ganzen Reich von Mund zu Mund ging, der Sänger desselben auch von der Regierung als staatserhaltende Kraft gewürdigt und in der üblichen officiellen Form gepriesen wurde. Der Orden kam und der Hofrathstitel und der Sitz in der Akademie, und wenn auch alle diese Würden zunächst nur dem einzelnen Künstler galten und für seine Einzelthat erflossen, so haben sie zu gleicher Zeit noch etwas Höheres bedeutet: nämlich die officielle Anerkennung der Dichtkunst selber, als einer von jenen idealen Mächten im Völkerleben, mit welchen auch die scheinbar souveräne Gewalt im Staate und zwar im Interesse des Staates selbst zu rechnen hat! Auf diesem Wege hat also der Dichter nicht bloß für sich selber den Hochsitz in der Ruhmeshalle errungen, sondern auch einen Ehrenplatz für seine ganze Kunst und das wird wohl für alle Zeiten für einen Künstler der höchste der Triumphe bleiben.

Damit wollte ich eigentlich meine Rede schließen. Nach so viel ernsten Worten an die Männer gebührt aber noch ein heiteres Wort an den schöneren Theil der Commerstafel, der leider diese ganze Zeit über vollständig im Trockenen sitzen mußte. Dieser schmerzliche Umstand erscheint mir übrigens als höchst symbolisch für die ganze Art, in welcher sich der Dichter zu der Frauenwelt überhaupt verhalten hat: Der liebe böse Mann hat nämlich die armen Damen sein Leben lang sozusagen auf dem Trockenen sitzen lassen! Daß er nach Dichterpflicht keine schmelzende Monoschinalieder für sie gesungen hat, habe ich bereits vorhin mit Schmerz verkündet. Es fällt ihm aber noch viel Schlimmeres zur Last. Wenn sonst die Nachwelt den ganzen Lebenslauf eines braven Mannes in die drei Worte zusammenfaßt: „Er ward geboren — nahm sich ein Weib — und starb —", so muß von unserem großen Dichter mit Betrübnis gemeldet werden, daß er als strammer Junggeselle in das Reich der Unsterblichen aufstieg.

Aber Bräutigam ist er zum mindesten gewesen. Und zwar volle fünfzig Jahre lang. Und was vielleicht vor ihm kein Sterblicher zu Stande brachte: er war dieses halbe Jahrhundert hindurch ohne Wandel der Bräutigam einer und derselben Dame! Doch ich brauche ihnen wohl den Herzensroman von Grillparzer und der schönen Kathi Fröhlich nicht erst zu erzählen.

Was aber den eigentlichen Grund gebildet hat, daß die Beiden in ewiger Brautschaft und nur als Freunde neben einander durch das Leben gingen, das ist bis heute nicht vollständig aufgeklärt. Die mangelnde Erkenntnis von den hohen Vorzügen des ganzen weiblichen Geschlechtes ist es ganz sicher nicht gewesen, was unserem Dichter vom Traualtare fernhielt. Das vermag man daraus zu entnehmen, daß er gerade jene Eigenschaft, die er für die höchste Zier des Menschen hielt — nämlich das Rechte zu thun aus dem natürlichen Gefühl des Herzens heraus und nicht aus kluger Scheu vor dem Gerede der Leute — diese Eigenschaft hat er uns Männern rundweg abgesprochen, hingegen verehrungsvoll den Frauen vindicirt. Hören Sie, was er in diesem Punkte sagt:

Des Menschen allererstem, tiefinnerstem Sein
Blieb treu nur die Frau auf die Länge;
Sie wirkt, was sie wirkt, durch sich selbst und allein,
Des Mannes Herr ist die Menge.

Ich denke, Sie meine verehrten Damen, können mit diesen vier Zeilen vollauf zufrieden sein. Denn in Prosa umgesetzt würden sie etwa lauten: Wenn die Männer etwas Gutes thun, so geschieht dies ausnahmsweise und im besten Falle aus Pflichtgefühl, weil wir uns vor dem öffentlichen Urtheil fürchten. Die Frau hingegen braucht nur sich selber natürlich auszuleben und was sie wirkt und schafft, wird von selber das Gute sein. Fürwahr, kürzer und bündiger hat noch kein Dichter das Lob des weiblichen Geschlechtes gesungen!

Und nun zum Schlusse kehre ich noch einmal dahin zurück, von wo ich ausging: zum festlichen Glanz der heutigen Versammlung. Möge dieser helle Glanz die Kerzen dieses Abends lange, lange überdauern — möge der Dankeskranz in unseren Herzen nicht so schnell verwelken wie die Blumen, welche dieses Bild umkränzen. Denn nur jenes Volk verdient seine Dichter, welches nicht blos alle hundert Jahre einmal unter Trompetenschall sich an ihre Geburt erinnert, sondern ihre Werke in der stillen Kammer wie das gesunde Hausbrot Tag für Tag dankbar genießen.

Gestatten Sie, daß ich diesen Gedanken mit einem Bilde schließe:

Unsere Väter, da sie noch Heiden waren, haben daran geglaubt, daß ihnen in der heißen Schlacht die abgeschiedenen Helden unsichtbar als Kämpfer zur Seite stehen und zum Sieg verhelfen. Wir Enkelkinder besitzen diesen tröstlichen Glauben nicht mehr. Aber etwas Anderes wissen wir dafür um so gewisser: das im Kampf der Staaten und Nationen die großen Männer eines Volkes unsichtbar seine Schlachten mit ihm schlagen, und das der Sieg zuletzt jenem Volke zufällt, welches die allergrößte Zahl von Geisteshelden auf den Kampfplatz führen kann.

Diese Helden aus Walhalla werden uns aber in der Noth des Kampfes nur dann ihre Waffen leihen, wenn wir nicht erst in der bittern Stunde der Entscheidung an sie denken und um ihre Hilfe anflehen, sondern wenn wir sie Tag für Tag als unsere Musterbilder vor die Augen setzen.

Und also wollen wir es auch mit Oesterreichs größtem Dichter, mit dem Helden Grillparzer, hinfort getreulich halten. Und da er zu gleicher Zeit auch einer der großen Dichter Deutschlands ist, so wollen wir diese seine Doppeleigenschaft als frohe Bürgschaft dafür nehmen, daß Oesterreich und Deutschland auch die letzte der Entscheidungsschlachten als treue Verbündete dereinstens gemeinsam schlagen und mit Gottes und ihrer tapferen Heere und unserer großen Dichter Hilfe auch gemeinsam die Sieger bleiben werden. — Amen!

Minutenlanger Beifall folgte dieser formvollendeten Rede und als sich der Sturm gelegt hatte, sprach Dr. Dornbaum folgenden von hohem patriotischen Geiste durchglühten, Se. Majestät den Kaiser, das Vaterland und den österr. Dichter Grillparzer feiernden Toast:

Hochansehnliche Festversammlung!

Wir sind heute erschienen, um den hundertsten Geburtstag Franz Grillparzer's zu feiern. Fern von dem Centrum des Reiches, wo die Segnungen der Cultur naturgemäß zusammenfließen, wo der Hauch des Dichters, der dort gelebt und gewirkt hat, unmittelbar empfunden wird, feiern auch wir mit das Fest zu Ehren des todten Grillparzer, dessen Werke e w i g l e b e n werden.

Sein Genie erhob ihn zum Range eines Dichterfürsten, seine Liebe zum Vaterlande machte ihn zum P tr oten in der edelsten Bedeutung" des Wortes Und von den Gefühlen, die eines Mannes Brust schwellen, ist wo l die Liebe zum Vaterlande das edelste. Ihm weihten zu allen Zeiten die besten Söhne ihren höchsten Besitz — d a s L e b e n.

Und nun, Ihr Jungen und wir Alten, laßt uns bei den Manen des todten Grillparzer geloben, treu zu bleiben den Idealen unserer Jugend, für die uns die alma mater begeisterte, die uns die Liebe zu den Wissenschaften lehrte und in der Liebe zum Vaterlande erzog.

Da wir dem Andenken des heimgegangenen Dichterfürsten den Zoll der Huldigung dargebracht haben, blicken wir zuerst auf denjenigen, der unser Vaterland verkörpert. Und da tritt uns die Lichtgestalt des mit den edelsten Regententugenden gezierten Fürsten entgegen, i n d e s s e n L a g e r h e u t e g a n z O e s t e r r e i c h i s t.

Es ist dies unser ritterlicher Monarch, der nicht nur den Dichter bei Lebzeiten hoch auszeichnete, sondern auch seinen Manen die auserlesene Huldigung darbrachte, in dem Frieden sein.r Burg ihm ein herrliches Standbild zu setzen.

So bringen wir das erste Glas dem erhabensten Förderer der Wissenschaft, dem edelsten Schützer der Kunst. Ich rufe es und Sie stimmen mit mir ein in den Ruf — Seine Majestät unser allergnädigster Kaiser und Herr lebe h o c h! h o c h! h o c h!

Die Anwesenden hatten sich erhoben, von den Logen herab mischten sich die Hochrufe mit denen der Theilnehmer an den Festtafeln, während die Musik rauschend die Volkshymne intonirte.

Unter dem strammen Commando des Präses unseres Vereines cand. jur. M. Stiglitz wurde sodann der Salamander zu Ehren Sr. Majestät des Kaisers gerieben, worauf in weihevoller Weise das der „Akademischen Lesehalle" gewidmete Festgedicht des Reg.-Rath. Prof. Dr. S c h u l e r v. L i b l o y „Mein Oesterreich" in der kräftig schönen Composition Hrimaly's von hundert Kehlen angestimmt wurde, welcher Festgruß die begeisterte Liebe zu unserem edlen Monarchen und dem großen herrlichen Oesterreich zum Ausdrucke bringt. Hier dessen Wortlaut:

Mein Oesterreich!

Mein theu'res Land — am Donaustrand —
Im Alpenschnee — am grünen See —
Von fernen Meereswogen
Bis zum Karpathenbogen!
Mein Oesterreich du — des Kaisers Hort!
Dein Bauherr war das deutsche Wort,
Vielsprachig Blut und Eisen.

Mein Oesterreich alt — du Frohgestalt —
Im Liebe werth und mehr im Schwert —

Seit Karl des Großen Reiche —
Wie fiel'n deine Streiche!
Als Rudolf seine Feinde schlug —
Die böse List und allen Trug —
Dich Oest'reich will ich preisen.

Dein Handelsstrom — der Kirche Dom —
Der Städte Zier und ihr Panier —
Im freien Bürgerrechte —
Für Herren und für Knechte!
Die Minne hold — der Aehren Gold —
Der Berge Wein — ihr Edelstein —
Der Völker Glück und Ehre!

Die alle preist der neue Geist —
Und was er spricht — ist ein Gericht —
Für Alle — die zerstören, —
Sie a er müssen hören:
Erhalte Gott das ganze Reich!
Den Völkerbund von Oesterreich —
Den Glanz, die Kraft, die Wehre!

Der Schluß der letzten Strophe, zu dessen Composition Meister Hrimaly in trefflicher Weise Motive aus der **Volkshymne** verwendet hatte, wurde von allen Anwesenden, die sich insgesammt erhoben hatten, mit Begeisterung mitgesungen. Nach Beendigung des herrlichen Liedes ertönten lebhafte Rufe: „Prosit Schuler!", „Prosit Hrimaly!", worauf cand. jur. M. Stiglitz in herzlichen Worten dem Verfasser Regierungsrath Professor Dr. Schuler v. Libloy und dem Componisten Musikdirector Adalbert Hrimaly unter dröhnendem Beifalle und donnernden Prositrufen den Dank namens der „Akademischen Lesehalle" aussprach.

Tiefen Eindruck machte Pekelmann's hierauf folgende Recitation des Grillparzer'schen Gedichtes „An Feldmarschall Radetzky". Eingeleitet mit dem von der Militärmusik rauschend gespielten „O du mein Oesterreich" und von den Klängen dieses Liedes melodramatisch begleitet, erzielte der meisterhafte Vortrag des Gedichtes eine mächtige Wirkung, welche sich noch steigerte, als die Militär-Capelle den Radetzkymarsch anstimmte. Es war ein geradezu frenetischer Jubel, mit dem der Marsch begrüßt wurde, und der Beifallssturm war so anhaltend, daß die Musik denselben wiederholen mußte. Hierauf wurde vom Männergesangverein Grillparzer's „Ständchen" in der Schubert'schen Composition vorgetragen. Diesem Liede folgte nach einem längeren Colloquium der Vortrag mehrerer Scenen aus Grillparzer's unsterblichen Werken („Die Ahnfrau", „Der Traum ein Leben" und „Des Meeres und der Liebe Wellen"), durch den Recitator Pekelmann, der durch reichlichen Beifall gelohnt wurde. Den Abschluß fand die officielle Festfeier mit dem Vortrage des gemüthbewegenden Chores von Fiby: „Mein Vaterland, mein Oesterreich"! bei dem der Gesangverein alle Kraft und Wärme zur höchsten Geltung brachte.

Im zweiten Theile der Festfeier hielt der Vicepräses der „**Akad. Leseballe**", Herr stud. jur. J. Wolanski, auf die Alma mater, von brausenden Prositrufen begleitet, folgende Ansprache:

Hochansehnliche Festversammlung!
Liebwerthe Commilitonen!

Allüberall, wo in den weiten Gauen unseres schönen Vaterlandes sich Studenten bei Liedersang und Blecherklang versammeln, gilt ihr erster Gedanke, ihr erstes Glas Sr. Majestät dem Kaiser, dem erhabenen Förderer der Wissenschaften.

Auch heute haben wir im tiefsten Herzen mitempfunden, was Herr Dr. Dornbaum so schön in Worte gekleidet hat und haben mit Begeisterung in alter Studentenweise den Kaiser-Salamander gerieben.

Zunächst der Liebe zum Kaiser, dem erhabenen **Landesvater**, ist aber in jedes Studentenherz fest und tief eingegraben die Liebe zur Univerfität, der „**Alma mater**". Und bei uns Czernowitzer Studenten umsomehr, als ja die „Alma mater Francisca Josefina" uns schon durch ihren Namen stets an die väterliche Huld unseres Kaisers erinnert.

Wir Mitglieder der „**Akademischen Leseballe**" aber stehen wie in unserem Patriotismus so auch in unserer Anhänglichkeit an die Universität hinter **Niemandem** zurück! Das Verhältnis unseres Vereines zur Alma mater ist von jeher ein idealschönes, von gegenseitiger Liebe und gegenseitigem Wohlwollen getragenes, und wird es auch, so Gott will, immer bleiben.

Der Grund hiefür liegt darin, daß sich beide in ihrer Thätigkeit gegenseitig ergänzen. Während die Hochschule die Studenten in der Wissenschaft ausbildet, bietet die „Academische Leseballe" durch ihre Bibliothek und ihren Lesetisch den Mitgliedern die Möglichkeit, sich auch außerhalb ihres Fachstudiums mit denjenigen Gegenständen zu befassen, die zu kennen heutzutage jeder Gebildete nöthig hat. Beide aber, Universität und „Akademische Leseballe", sind bestrebt, aus ihren Jüngern das zu machen, was sie bereinst sein sollen: **brave Staatsbürger, tüchtige Menschen, nützliche Mitglieder der Gesellschaft.**

Diese gemeinsame Aufgabe hat unsere Hochschule und unseren Verein einander nahe gebracht, man könnte sagen, seit dem Beginn ihrer Existenz; denn die „Akademische Leseballe", der älteste der hiesigen akademischen Vereine, ist kaum vier Monate später in's Leben getreten, als die Universität und seit dieser Zeit fand unser Verein in den akademischen Behörden stets bereitwillige Förderer der Vereins-Interessen und Freunde des Vereines überhaupt.

Und gerade die heutige Feier zeigt, wie ersprießlich diese innige Verbindung zwischen Professoren und Studenten zu wirken vermag. Nur durch die thatkräftige Unterstützung unserer Professoren ist es gelungen, das heutige Fest so glänzend zu veranstalten.

Den Vertretern unserer Universität, unseren geliebten Professoren, spreche ich hiemit Namens der „Akademischen Leseballe" unsern wärmsten Dank aus; in unseren Herzen wird die dankbare Erinnerung an ihr Wohlwollen ewig bewahrt bleiben. Der Löwenantheil unserer Dankbarkeit gebührt aber unserem vielgeliebten Ehrenmitglied, Sr. Magnificenz Herrn Reg.-Rath Prof. Dr. Schuler v. Libloy, welcher durch seine nimmer müde, rastlose Thätigkeit als Ehrenpräsident das Band noch fester geschlungen hat, welches uns an seine Person und an die Universität knüpft.

Darum fordere ich Euch, geliebte Commilitonen und Vereinsbrüder auf, den Gefühlen, die uns stets erfüllen, Ausdruck zu geben, indem Ihr einstimmt in den Auf: „Vivat, crescat, floreat Universitas Francisco-Josefina"! „Vivat, vigeat ac valeat eius rector magnificus Reg.-Rath Prof. Dr. Friedrich Schuler v. Libloy!"

Lebhaften Widerhall fanden diese vom Herzen gesprochenen Worte in nicht endenwollenden „Vivat"- und „Prosit"-Rufen auf unsere Universität und unseren Rector.

Großer Beifall wurde auch diesem Redner gezollt und als ein längeres Colloquium eintrat, wurde Se. Magnificenz unser Ehrenmitglied Regierungs-Rath Prof. Dr. Schuler v. Libloy nach einem altehrwürdigen studentischen Brauche mit 101 Constanzen „in die Luft gesprengt", worauf der Rector in folgendem schwungvollen poetischen Grüße das Land und die Stadt ehrte:

In Czernowitz — am Himmel klar —
Blieb aus der Nacht der Sterne
Am Thurme hoch — ein Kaiseraar —
Und glänzt in alle Ferne.
Die Schwingen sind das Recht — die Macht —
Was Roth und Weiß zu schauen —
Im Herzschild seine Farbenpracht —
Sind L i e b e und V e r t r a u e n.

Der Bukowina Völkerschaar
K l e i n ö st' r e i ch aller Wegen —
In Sprachen bunt — im Glauben gar —
In Berg und Thal und Stegen!
G r o ß ö st' r e i ch aber wo es heißt,
Daß Neues sich aufrichte —
Zum R e i ch e hält der Schaffensgeist —
Am Webstuhl der Geschichte.

Die Stadt in einem Dörferkranz —
Am Berg hinauf ihr — Schimmer —!
Im Thale dort der Fluthenglanz
Ein Meer von Grün ihr Flimmer!
Und unter ihrem Himmel ruht —
Und kommt als Segen nieder —
Ein l e tz t e r Hort für R e b e n g l u t
Ein letzter — d e u t s ch e r L i e d e r!

Der Stätten fernste, — Wissenschaft —
Und deutsche Kunst zu lehren —
Ein Quell von Arbeit und von Kraft —
Ein Born zu allen Ehren!
D e m L a n d e Hoch und Hoch d e m S ch i l d —
In Liebe und Vertrauen —
Ein H o ch d e r S t a d t — in j e d e m Bild —
Von M ä n n e r n und von F r a u e n.

(H o ch!)

Neuerlicher Beifallssturm durchbrauste den Saal ob des gelungenen Poëms; der Rector bestieg nochmals die Tribüne, dankte herzlichst und versprach stets der gesammten Studentenschaft gewogen und jederzeit ein Förderer und Gönner ihrer edlen Bestrebungen zu sein. Dr. J. Goldhacker feierte in kernigen Worten die Presse und dann folgte Lied und Rede in bunter Reihe, bis erst lange nach Mitternacht die so schöne Feier ihren Abschluß fand.

Es war diese Grillparzerfeier ein echt österreichisches Fest, und wo Freunde der Literatur in Oesterreich und Deutschland wohnen, feierten sie

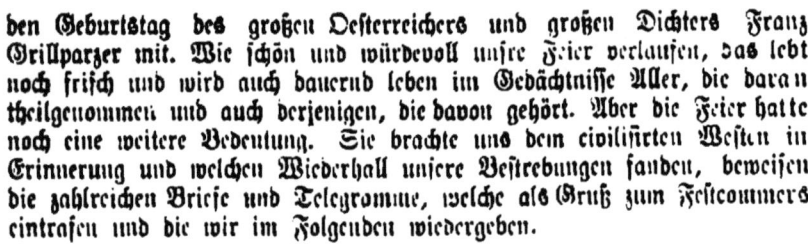

den Geburtstag des großen Oesterreichers und großen Dichters Franz Grillparzer mit. Wie schön und würdevoll unsre Feier verlaufen, das lebt noch frisch und wird auch dauernd leben im Gedächtnisse Aller, die daran theilgenommen und auch derjenigen, die davon gehört. Aber die Feier hatte noch eine weitere Bedeutung. Sie brachte uns dem civilisirten Westen in Erinnerung und welchen Wiederhall unsere Bestrebungen fanden, beweisen die zahlreichen Briefe und Telegramme, welche als Gruß zum Festcommers eintrafen und die wir im Folgenden wiedergeben.

Briefe.

Gmunden, am 11. Jänner 1891.

Hochverehrter, lieber Jugendfreund, — Magnifice!

Du warst so freundlich, mich durch eine Einladung zu dem Fest-Commers zu ehren, welchen der vereinigte Festausschuß der „Literaturfreunde und der akademischen Lesehalle" zur Erinnerung an den hundertsten Geburtstag des größten österreichischen Dichters, Franz Grillparzer, abhalten wird.

Ich lese Dich als „Ehrenpräsident" dieses bedeutungsvollen Fest-Commerse.

Gestatte daher, daß ich Dich zum Dometsch meines ergebensten Dankes für die Einladung mache, welcher ich mit „zweiundsechzig Jahren" leider nicht persönlich folgen kann.

Mit wahrer und patriotischer Freude erfüllte es mich aber, daß in der Hauptstadt der fernen vielsprachigen Ostmark der größte Dichter Oesterreichs gefeiert wird, welcher die ewigen Worte sang:

„Die Gott als Slav' und Magyaren schuf,
 Sie streiten um Worte nicht hämisch;
 Sie folgen, ob deutsch auch der Feldherrnruf.
 Denn: Vorwärts! ist ungarisch und böhmisch".

Es berührt mich aber auch seltsam anmuthend, daß die Männer, welche diesen Gedenktag feiern, meinen nahezu ältesten Freund zum „Ehrenpräsidenten" wählen.

Dann ist er gewiß derselbe geblieben, der er vor „vierzig Jahren" war, wo wir, „Schulter an Schulter", für die „Ideale" jener Zeit, aber stets am „Dynastischen und Reichsgedanken" festhaltend in den Kampf zogen. Eine fast „halbhundertjährige Gesinnungstreue", in welcher man „Grundsätze" und „Idealen" — „Opfer" bringt — verdient diese Ehrung.

Könnt' ich am 16. d. M. „mitpoculiren" so ließe ich nach dem Hoch! auf die Manen des „Unsterblichen", ein „Vivat ad multos annos" auch Dir erklingen!

Mit Handschlag und Bruderkuß Dein alter

Victor Maria Edler v. Milborn
k. k. Hofsecretär.

Euer Hochwohlgeboren

bitte ich freundlich, an den hochverehrlichen Festausschuß der Grillparzerfeier meinen verbindlichsten Dank für die freundliche Einladung zu der am 16. d. M. zu veranstaltenden Feier entgegenzunehmen.

Es gereicht mir zur lebhaftesten Befriedigung, daß sich der verehrliche Ausschuß bei diesem Anlasse meiner und des aufrichtigen herzlichen Antheils, welchen ich an allem, was Czernowitz und insbesondere das dortige geistige Leben angeht, nehme, in Freundlichkeit erinnert hat. Kann ich daher auch nicht persönlich anwesend sein, so werde ich doch an der zweifellos würdigen, erhebenden Feier, welche Sie zu Ehren unseres größten österreichischen Dichters veranstalten, im Geiste Antheil nehmen

Indem ich Euer Hochwohlgeboren bitte, hievon dem verehrlichen Festausschusse Mittheilung machen zu wollen, verbleibe ich in aufrichtiger Hochschätzung Euer Hochwohlgeboren ergebenste

Wien, am 13. Jänner 1891.

Dr. Baron Lemayr.

Hochgeehrter Herr!

Ich erhielt Ihre geschätzte Zusendung und Karte und nahm von Gedicht und Composition mit vollem Interesse Kenntnis. Was letztere betrifft, so finde ich dieselbe ganz angemessen, edel und völlig volksthümlich, auch an sich keineswegs zu schwer für den gedachten Zweck, als Commers- oder Studentenlied gesungen zu werden. Die Wendung der letzten Strophe in das Kaiserlie ist geistreich und wird, wenn sie gut zur Geltung gebracht wird, eine große Wirkung machen. — Die Sache ist im ganzen wohl gerathen, und wenn nun auch noch, wie ich vermuthe, eine Orchesterbegleitung von der Capelle dazu gespielt wird, die man ja, wie ich aus der Einladung entnehme, ohnehin zur Verfügung hat, so wird gewiß alles ohne merkliche Schwierigkeit vor sich gehn und ich kann im Voraus Dichter und Componisten zu dem unausbleiblichen Erfolge beglückwünschen. Das ganze Fest wird gewiß ein sehr schönes werden und ich bedauere, daß wir hier nichts Aehnliches unternommen haben. Dazu stecken wir zu tief in Transleithanien!

Mit hochachtungsvollstem Gruße bleibe ich Ihr ergebenster und dankbarer

Wilh. Weiß
Professor und Chormeister der „Germania".

Hermannstadt, am 10. Jänner 1891.

Schloß Hermannsdorf, am 13. Jänner 1891.

Sehr geehrter Herr!

Empfangen Sie unseren besten Dank für die freundliche Einladung zur erhebenden Feier, welche die akad. Lesehalle im Vereine mit den Literaturfreunden zu Ehren unseres großen Grillparzer veranstaltet. Seien Sie, bitte, unser Dolmetsch bei dem Festausschusse und den Theilnehmern und nehmen Sie die aufrichtigsten Wünsche zum glänzenden Gelingen des schönen Festes entgegen. Im Gedanken werden wir bei Ihnen sein und in das begeisterte Hoch zu Ehren des Meisters einstimmen!

Mit vorzüglicher Hochachtung

A. G. und B. v. Suttner.

Euer Wohlgeboren!

Für die Einladung zum Grillparzer-Commers dankt der Unterzeichnete und bedauert nicht Zeuge des schönen Festes in der ferngelegenen Universitätsstadt sein zu können.

Brünn, am 9. Jänner 1891.

Hofrath Christian Ritter d'Elvert.

Berlin W., Körnerstraße 16, b. 15. Januar 1891.

Herzlichen Dank für die liebenswürdige Einladung zum Grillparzer-Fest-Commers! Leider ist die Entfernung eine zu große, als daß mir die Theilnahme möglich wäre. Doch werde ich im Stillen hier einen Salamander reiben, nicht blos auf den Kaiser, sondern auch auf die akademische Jugend Oesterreichs.

Ergebenst

Dr. jur. A. Klewitz
(Gerichtsassessor.)

Franz Grillparzer.
Zum 15. Jänner 1891.

„Er kam aus anderen Zeiten
Und wird in andere gehn!
So sah'n wir ihn einsam schreiten,
Mit Erzklang männlicher Saiten
Das Spiel des Lebens begleiten;
So ließ er die Seinen vom Weiten
Das Land der Verheißung sehn!

München, am 13. Jänner 1891.

Paul Heyse.

Geehrte Herren!

Sie feiern heute Franz Grillparzer und Sie ehren sich damit selbst; Sie feiern unsern großen deutschen Dichter, wie ich aus Ihrem Programm ersehe, als Oesterreicher, und Sie beweisen damit ein tiefes Verständnis für sein innerstes Wesen. Alt-Österreich hat diesen seinen treuen Sohn, diesen großen Dichter und Patrioten mißhandelt, in der Blüte seiner Kraft geknickt; unser jüngstes Vaterland erst hat seine Bedeutung erkannt, es hat sein Greisenalter verschönt und der Dichter starb versöhnt mit seinem Volke. Dennoch ist vieles noch zu sühnen an ihm und die deutsche Jugend kann nichts Edleres thun, als sich an seinen Werken begeistern und sein Andenken heilig halten. Wer Franz Grillparzer in seiner ganzen Größe erkannt hat, der wird das Wort verstehen, das ich Ihnen heute als Gruß aus der Ferne zurufe: In seinem Lager ist Oesterreich!

Ihr

Adam Müller-Guttenbrunn.

Wien, am 14. Jänner 1891.

Meran, am 13. Jänner 1891.

Sehr geehrter Herr!

Da ich leider der an mich ergangenen mich ehrenden Einladung zu Ihrem Fest-Commers nicht Folge leisten kann, bitte ich Sie, geehrter Herr, in demselben in meinem Namen drei „Hoch" auszubringen, und zwar:

1. Ein „Hoch" dem Genius Grillparzer's
2. Ein „Hoch" den Verehrern seiner Muse.
3. Ein „Hoch" der akademischen Lesehalle in Czernowitz.

Mit vorzüglicher Hochachtung

Franziska v. Frisch.

Bamberg, am 10. Jänner 1891.

An die akademische Lesehalle in Czernowitz.

Ihre freundliche Einladung zum Festcommerse vom 16. Jänner ist mir geworden. Wenn auch durch räumliche Entfernung zu weit von Ihnen entfernt um an dem Feste persönlich Theil nehmen zu können, werde ich doch mit Ihnen Ihres grossen österreichischen Landsmannes gedenken.

Ich wünsche Ihrer Feier einen recht anregenden Verlauf.

Zugleich habe ich mir erlaubt, für Ihre Bibliothek ein Bändchen meiner Gedichte, das ich unter dem Titel „Aus Herz und Welt" erscheinen ließ, als Zeichen meiner Ergebenheit zu übersenden.

Mit ausgezeichneter Hochachtung

Ferd. v. Heigl
Rechtsanwalt.
Verfasser der „Spaziergänge eines Atheisten".

An den verehrlichen Festausschuß für das Grillparzer-Jubiläum in Czernowitz.

Für die liebenswürdige Einladung zum Commerse erlaube ich mir meinen verbindlichsten Dank auszusprechen. Leider bin ich wegen dienstlicher Verhältnisse am persönlichen Erscheinen verhindert.

Hochachtungsvoll und ergebenst

Dr. jur. Delius
königl. Gerichtsassessor.

Bielefeld (Preußen), am 13. Jänner 1891.

Löblicher Festausschuß!

Für Ihre freundliche Einladung, der wir leider infolge der großen Entfernung nicht nachkommen können, den herzlichsten Dank! Durch den Raum von Ihnen getrennt, fühlen wir uns doch geistig mit Ihnen vereint in dem Andenken und der Verehrung des größten österreichischen Dichters. Der Ihre war er wie der unsere — und weil das Gefühl der Zusammengehörigkeit in demselben Volksthum nie lebhafter ist, als in dem Augenblicke, wo es gemeinsames Leid zu beklagen, in gemeinsamer Freude zu jubeln, gemeinsame Heroen zu feiern gilt, so fühlen wir heute doppelt warm, wenn wir Ihnen über Oesterreich und Ungarn donnernd „Profit" entgegenrufen.

Mit deutschem Gruße für die Lese- und Redehalle der deutschen Studenten in Prag

Sobotka.

Prag, am 15. Jänner 1891.

Straßburg, am 13. Jänner 1891.

An einen hochverehrlichen Festausschuß für die Grillparzerfeier in Czernowitz!

Indem wir Ew. Hochwohlgeboren für die Einladung zur Theilnahme an der Grillparzerfeier unsern verbindlichsten Dank aussprechen, bedauern wir zugleich derselben nicht Folge leisten zu können. Aus der Ferne aber rufen wir Ihnen ein herzliches „Glückauf" und wackeres „Profit" zu.

Hochachtungsvoll

Emil Krüger, stud. phil.
z. Z. Vorsitzender des Studenten-Ausschusses der Kaiser-Wilhelms-Universität Straßburg.

Academische Lesehalle, Berlin

Berlin C. den 21. Januar 1891. Universität.

Der academischen Lesehalle in Czernowitz, sowie dem verehrlichen Festausschuß dankt das unterfertigte Directorium für die ihm zugesandte freundliche Einladung zu dem für Franz Grillparzer veranstalteten Festcommers, unter gleichzeitigem Bedauern darüber, daß die Umstände für die Unterzeichneten nicht möglich machten, an demselben Theil zu nehmen.

Mit deutschem Gruß
Das Directorium der Acad. Lesehalle.
J. A.
R. Roebling, stud. jur.
Schriftwart.

Telegramme:

Budapest: Danke für Einladung, wünsche besten Erfolg dem patriotischen Feste.
Feldzeugmeister Gräf-Liblon.

Wien: Der schönen Feier im Geiste anwohnend, huldige ich mit Ihnen dem großen vaterländischen Dichter. Hoch Oesterreich und sein Kaiser!
Dr. Baron Stremayer.

Budapest: Huldigung den Manen des großen Dichters, Ehre denen, die ihn recht zu feiern wissen. Hoch Czernowitz!
Baron Eugen Salmen,
Reichstagsabgeordneter.

Wien-Währing: Fröhlichen Gruß und innige Zustimmung von dem Ehrenmitgliede der academischen Lesehalle.
Prof. Schrutka v. Rechtenstamm.

Salzburg: In treuer Erinnerung an das Buchenland sendet herzlichen Festgruß zur heutigen Feier!
Richard v. Strele.

Raitz: Außer Stande der auszeichnenden Einladung zu folgen, nehme ich im Geiste an der erhebenden Feier theil.
Ferdinand v. Saar.

Wien: Für Ihre freundliche Einladung dankend und im Geiste an der Gedenkfeier des größten Dichters des Deutschthums in Oesterreich theilnehmend, rufe ich allen Festgenossen ein herzliches Prosit zu!
Dr. Marco Brociner.

Wien: Den treuen Verehrern des größten genialen Dichters Gruß und Heil.
Die Grillparzer-Gesellschaft.

Wien:

Ein Gruß vom schönen Donaustrand
In heimatliche Ferne,
Zur Dichterfeier hingesandt
Dem glänz'nd schönen Sterne,
Grillparzer's Geist, der hoch und hehr
Hinleuchtet durch die Lande.
Ein heller Lichtstrahl auf dem Meer
Zum Stolz dem Vaterlande.
Was an der Donau uns beseelt:
Alt-Oest'reichs guter Muth
Es klingt auch durch die Seele Euch
Am fernen Strand d s Pruth.
Wo deutscher Geist und deutscher Sinn
In Wort und Herz regieret.
Der in der Ferne Ostmark hin,
Der Brüder Herzen führet.
Im Dichter sind wir all' vereint
In uns'rer Hoffnung Schimmer.
In seinem Lager war Oester eich,
Alt-Oesterreich für immer

Redacteur Ehrenfeld.

Suczawa: Dem vereinigten Festausschuß der Literaturfreunde und der academischen Bü ger, den Jüngern echt Josefinischen Geistes, bringt aus äußerstem Osten unseres theueren Vaterlandes brüderlichen Festgruß zum Gedenktage unseres größten vaterländischen Dichters, Franz Grillparzer's

Der Lese- und Geselligkeits-Club in Suczawa.

I. Bundeslied der „Academischen Lesehalle."
Gewidmet von Reg.-Rath Professor Dr. F. Schuler von Libloy.

Die Schildmaid ruft, Genossen auf!
So tönt es durch die Halle.
Es war ein Lied, wie Sturmeslauf
Und ruft uns heut' noch Alle.
Soweit nur Oest'reich Marken zieht
Der Kaiseraar — die Bahnen
In Allen diese Minne glüht
Und schmückt des Volkes Fahnen.

Die Minne zog in jede Schlacht
Und schlug die fremden Heere.
In Schwarz und Gold, der Kaiserpracht
Erglänzt ihr Schild der Ehre
Mit Schwert und Pflug und Bürgerrecht
Mit hohen Geisteswogen
Hat sie in Oest'reich all' Geschlecht
Zur Freiheit mitgezogen.

Dies Schaffen — unser höchstes Gut
Und unser Sinn das Schöne.
Dies Wirken ist das edle Blut
Im Thatendrang der Söhne

Das, wie der Aar, zu Höhen schwingt
Zum goldnen Glanz der Strahlen
Das alles Streben hell durchdringt
Und Schwarz und Gold sich malen.

Das ist der Spruch für jeden Stand
Die Treue, die wir nennen
Wir heben hoch zum Schwur die Hand,
Es freudig zu bekennen.
Ja niemals schwinde diese Macht,
Ihr Glanz und ihre Krone!
Die Minne wachet Tag und Nacht
Ein Aar am Kaiserthrone!

2. Festgruß zur Eröffnungs-Festkneipe des XXXI. Vereinssemesters.

Gewidmet der „Academischen Lesehalle" vom Schriftsteller Dr. M. G. Conrad aus München.

Wär's nicht zu weit,
So wär' ich da
In Eurer Mitte,
Hurrah, Hurrah!
Nach alter Sitte
Stieg der Humpen —
Kein deutscher Zecher
Läßt sich lumpen!
So bin ich fern
Und greif' zum Becher:
Ein Hoch Euch Allen!
Und Glück und Stern!

Voll Kraft im Feuer
Harrt am Steuer
Ihr kühnen Fahrer,
Des Rechts Bewahrer
Auf stürm'scher See!
Und wie's auch geh:
Treu Mann an Mann!
Das ist's was ich Euch wünschen kann
Im Geist Euch nah'
Hurrah, Hurrah!

Conrad.

3. Festgruß zur Eröffnungs-Festkneipe des XXXII. Vereinssemesters.

Gewidmet der „academischen Lesehalle" vom Schriftsteller Dr. Hans Hoffmann.

Nicht übel wär's dort fern im Osten
Die Güte des Bieres tiefprobend zu kosten,
In wackerer deutscher Burschen Runde
Heiter zu winken der Morgenstunde — —
Doch, um es ehrlich heraus zu sagen,
Mein Beutel vermöchte es nicht zu tragen;
Für dichtende (eheu!) Familienväter
Zu groß ist die Zahl der Kilometer
Trotz Zonentarif und gerundeter Reisen.
Doch, freundlicher Ladung Ehr' zu erweisen,
Will am 20. Abends zur rechten Stunde
Ein Glas ich leeren zu seinem Grunde
Vom besten Bozner Edelweine,
Zum Wohl dem Czernowitzer Vereine,
Hoch sollen sie leben, die Burschen alle
Der Academischen Lesehalle!

Gries bei Bozen, Pfingsten 1891.   Hans Hoffmann.

Schuler-Jubiläumsfeier.

I. Die Vorbereitungen.

Im abgelaufenen Vereinsjahre vollendete unser Ehrenmitglied, Herr Regierungsrath, Professor Dr. Schuler von Libloy, das 40. Jahr seiner Lehrthätigkeit.

Schon lange vor dem Jubiläumsjahr stand es unter den Mitgliedern der „Academischen Lesehalle" fest, dieselbe müsse diesen denkwürdigen Abschnitt in dem Leben ihres eifrigsten Förderers gebührend feiern, und es war nur der Ausdruck dieser allgemein herrschenden Ansicht, als in der ordentlichen Plenerversammlung vom 18. October 1891 das Mitglied cand. jur. Horn den Antrag stellte, „der Ausschuß werde beauftragt, alles zum Zwecke der würdigen Veranstaltung einer Schulerfeier Erforderliche zu thun". Dieser Antrag wurde einstimmig unter Beifall angenommen.

Der neugewählte Ausschuß gieng denn auch alsbald an die Ausführung der ihm in diesem Beschlusse gestellten Aufgabe. In einer außerordentlichen Ausschußsitzung vom 17. November 1892 wurde auf Antrag des Präses stud. jur. Wender beschlossen, unter Heranziehung von Mitgliedern aus dem Ausschusse ein Festcomité zu bilden. Es wurden cooptiert: Dr. Mittelmann, Dr. Goldhacker, cand. jur. Horn, cand. jur. Winkler-Senfels, cand. jur. Stieglitz, und als Ersatzmänner stud. jur. Schächner, stud. jur. Seidner und stud. jur. Schwarzwald, sen.

Das Festcomité begann alsbald seine Thätigkeit. Es wurde beschlossen, zur Feier des Jubiläums der 40-jährigen Lehrthätigkeit Professor Schulers am 28. Jänner 1892 einen großen Festcommers im Schützenhause zu veranstalten. Bereits waren alle Vorbereitungen getroffen, um eine glänzende Feier zu ermöglichen, als infolge des Todes eines nahen Verwandten des Gefeierten, Feldzeugmeisters A. v. Gräf-Libloy, die Feier aufgeschoben werden mußte.

Man nahm nunmehr den 7. März (Namenstag Schulers) in Aussicht.

Da trat an die „Akademische Lesehalle", die bis dahin ein blos studentisches Fest beabsichtigt hatte, ein Vorschlag heran, dessen Annahme erst eine glänzende Veranstaltung ermöglichte. In Kreisen ehemaliger Schüler des Jubilars war der Gedanke an eine Theilnahme derselben an dem geplanten Feste aufgetaucht. Dieser Gedanke nahm alsbald concrete Formen an, und am 17. Februar faßte unser Festcomité den Beschluß, sich durch einige dem Kreise ehemaliger Hörer des Jubilars zu entnehmende Herren zu verstärken. Auf diese Weise erweiterte sich das Festcomité um die Herren: Magistratssecretär B o r c c a, Advokat Dr. C h o d r o w e r, Notariatscandidat Dr. G r i b o w s k i, Landesgerichtsauscultant v. J a k u b o w i c z, Finanzsecretär Dr. K o c z y n s k i, Finanzcommissär Dr. K o h n, Regierungssecretär K r z e s n i o w s k i, Advocaturseconcipient Dr. L u p u l, Redacteur Dr. N u ß b a u m, Regierungs-Conceptspraktikant S c h w e m s c h u h, Advokat Dr. S e l z e r, Landessecretär Dr. S i m i g i n o w i c z, Landtagsabgeordneter Finanzobercommissär T y m i n s k i und Landesgerichtsadjunct W o y n a r o w i c z.

Die Leitung der Vorbereitungen und Comitéberathungen wurde dem Rector Magnificus unserer Hochschule, Herrn Professor Dr. P r i b r a m angetragen, der bereitwilligst annahm.

Durch einen unglücklichen Zufall wurde das Fest abermals hinausgeschoben. Der Musikvereinssaal, der für den Festcommers in Aussicht genommen war, wurde von der Baubehörde wegen Einsturzgefahr gesperrt, und die Reparaturen mußten mindestens drei Monaten in Anspruch nehmen. Das Comité beschloß, da einen anderen in gleicher Weise geeigneten Festsaal unsere Stadt nicht besitzt, die Feier bis zur völligen Wiederherrichtung des Musikvereinssaales aufzuschieben.

In der ordentlichen Plenarversammlung vom 16. April erstattete der abtretende Präses stud. jur. Wender Bericht über den Stand der Vorbereitung zur Feier. Die Versammlung beschloß auf Antrag des H. Dr. G o l d h a c k e r, die Leitung der Vorbereitungen und des Commerses selbst Herrn Dr. M i t t e l m a n n zu übertragen.

Endlich war der Musikvereinssaal restauriert, und der Commers, der zweimal durch widrige Ereignisse aufgeschoben worden war, konnte endlich am 28. Mai 1892 stattfinden.

II. Der Schuler-Commers.

Fast war unser größter heimischer Festsaal zu klein, die Menge der Erschienenen zu fassen, die da gekommen waren, einen Mann zu feiern, der nun schon 40 Jahre einer lernbegierigen Jugend seine Wissenschaft vortrug, unter dessen Leitung so viele sich zu tüchtigen Männern ausgebildet hatten, um ihm ihre Sympathien in einer Einmüthigkeit zu beweisen, wie sie selten jemand zu genießen so glücklich ist.

Der Saal bot einen glänzenden Anblick, das Concertpodium war reich mit exotischen Pflanzen geschmückt; zwei Postamente, die Büsten Ihrer Majestäten tragend, ragten aus dem dunklen Grün hervor. Der Saal war reich mit Wappen, Fähnchen und studentischen Emblemen geziert. Die Logen erfüllte ein Kranz schöner Frauen und Mädchen, den Glanz des Festes zu erhöhen.

Die Behörden und Aemter waren durch ihre höchsten Beamten vertreten. Man sah Herrn Regierungsrath von Kochanowski als Vertreter des Landespräsidenten, Herrn Bürgermeister von Kochanowski (als Ehrenmitglied der Akademischen Lesehalle im gol=schwarz=goldenen Vereinsbande erschienen) sowie zahlreiche Gemeinderäthe, die Mitglieder des Akademischen Senates und der Professorencollegien sämmtlicher Facultäten mit dem Rector, Herrn Professor Dr. Pribram an der Spitze, die Landtagsabgeordneten, die Directoren und Professoren der Mittelschulen, zahlreiche Officiere und Beamten, Aerzte und Advocaten, darunter eine sehr große Zahl von ehemaligen Hörern des Jubilars. Zahlreiche Studenten, größtentheils derzeitige Schüler des Gefeierten füllten den Saal.

Nun durchbraust ein hundertstimmiger Prositruf den Saal: Schuler=Libloy und seine Gemalin von Abgeordneten des Festcomités, den Herren Landessecretär Dr. Simiginowicz und Advocat Dr. Selzer, sowie zwei Ausschußmitgliedern der „Akademischen Lesehalle" eingeholt, haben den Festsaal betreten. Während der Jubilar, von der Schar seiner Schüler umdrängt, zu dem Ehrensitze in der Mitte der Honoratiorentafel unter donnernden Zurufen geleitet wird, und seine Gemahlin in der für sie reservirten, mit dem Hauswappen derer von Libloy (ein flammendes Herz im blauen sternbesäten und von zarten Goldranken durchzogenen Felde) ausgezeichneten Loge Platz nimmt, ordnet sich die Festversammlung an den Tafeln. Das Präsidium übernimmt Rector Magnificus Professor Dr. Pribram, den Commers leiten die Herren: Landessecretär Dr. Simiginowicz (ehemaliger Hörer) und jur. Dr. Mittelmann („Akademische Lesehalle"); die Honoratiorentafel, durch die ganze Breite des Saales aufgestellt, erweist sich als viel zu klein; fünf lange Längstafeln werden von den Festgästen besetzt: die Mitteltafeln von der „Akademischen Lesehalle", rechts davon haben die beiden Corps „Alemannia" und „Austria" in voller Wichs, links die akademischen Vereine „Hygiea" und „Sojuz" sowie die übrige Studentenschaft Platz genommen.

Nachdem die Ouverture zur Oper „Wilhelm Tell" (intonirt von der trefflichen Musikkapelle unseres heimischen Regiments unter der bewährten persönlichen Leitung ihres Kapellmeisters v. Kosteletzky) verklungen, wurde der Commers nach alter Weise mit dem „Gaudeamus" eröffnet, worauf Dr. Mittelmann das Wort zur Begrüßung der Festgäste ergriff. In kurzen, kernigen Worten schilderte er die Vorgeschichte des Festes, erwähnte den zweimaligen unliebsamen Aufschub, den es erfuhr, die allgemeine Begeisterung, die es vom Augenblicke an, da es geplant wurde, erweckte, und die bis nun dieselbe geblieben sei; er freue sich, so viele und angesehene Gäste hier versammelt zu sehen, und begrüße sie aufs Herzlichste. Es folgte die namentliche Begrüßung.

Nach Absingung des vom Jubilar anläßlich der vorjährigen Grillparzerfeier der „Akademischen Lesehalle" gewidmeten, von Director A. Primaly componierten Liedes „Mein Oesterreich" ergriff namens des Festausschusses Herr Landessecretär Dr. S i m i g i n o w i c z das Wort zu folgendem in schwungvollen Worten ausgebrachten Toast auf Seine Majestät den Kaiser.

„Hochansehnliche Festversammlung!

Bei dem gegenwärtigen, zahlreichst besuchten Festcommerse gemahnt es mich als Mitglied des Festausschusses unwiderstehlich, vor allem anderen in ehrfurchtsvollster Liebe des mächtigen Herrschers, unseres allergnädigsten Kaisers und Herzogs zu gedenken.

Stets nur auf das Glück, die Wohlfahrt und das Gedeihen seiner Völker bedacht, hat Seine Majestät durch die im Jahre 1875 erfolgte Errichtung der hiesigen Universität dem schönen Buchenlande eine neue Zierde hinzugefügt, eine neue Pflanzstätte der Wissenschaft im fernsten Osten der mächtigen österreichisch-ungarischen Monarchie errichtet, welches fürstliche Geschenk allein, abgesehen von den ungezählten sonstigen Wohlthaten, die wir Bukowiner seiner kaiserlichen Huld und Gnade zu verdanken haben, schon geeignet ist, ihm die unbegrenzte Dankbarkeit der gegenwärtigen und künftigen Geschlechter der Bukowina zu sichern.

Gleich einem heiligen Zauber wirkt der Name „Franz Josef I.", und wo er auch immer genannt werden mag, sogleich verkörpert sich mit der Nennung dieses Namens der Inbegriff der edelsten Herrschertugenden, und wir Oesterreicher erblicken in unsern geliebten Monarchen ein hehres Bild unentwegter Pflichterfüllung, den Urquell unseres Glückes.

Ich glaube daher nur im Namen sämmtlicher Anwesenden zu handeln, wenn ich dieses Glas auf das Wohl der geheiligten Person Seiner k. und k. Apostolischen Majestät Franz Josef I. erhebe und Sie bitte, miteinzustimmen in den aus vollstem Herzen kommenden Ruf: Hoch Seine k. und k. Apostolische Majestät unser allergnädigster Herr und Kaiser! Hoch das ganze Kaiserhaus Să trăiască! Mnohaja lita."

In das donnernde Hoch, das diesem Toaste folgte, fielen die Klänge der Volkshymne rauschend ein, von den Anwesenden stehend angehört. Hierauf wurde unter der Leitung Sr. Magnificenz der Kaiserjalamander nach altem Brauche gerieben.

Nach einer Pause betrat nunmehr stud. jur. Hochdorf, dem die ehrenvolle Aufgabe zutheil geworden, in der Festrede die Gefühle der Studentenschaft zum Ausdruck zu bringen, die Rednerbühne.

„Hochansehnliche Festversammlung!

Es ist das Schicksal des Gelehrten, daß nur wenige mit herzlichen Antheil seine Bestrebungen und sein Schaffen betrachten. Der Welt gilt er, wie der Dichter sagt, für einen harten Baugehilfen: Was er mit ausdauernder Kraft gebildet, das wird sofort als Baustein verwendet zu dem unermeßlichen Hause der Wissenschaft, an welchem das Geschlecht der Erde seit Jahrtausenden arbeitet. Hundert andere stellen sich darauf um die eigene Kraft zu fördern, tausend neue Werkstücke werden darüber gewälzt, nicht viele sind, die darnach fragen, wer den einzelnen Pfeiler gemeißelt, noch seltener drückt dem Arbeiter ein Fremder darum die Hand. Und doch schafft er mit dem besten Herzblut seines Lebens, bisweilen unter schwerem Leid, oft mit beglückender Freudigkeit. Deshalb soll seine Zeit, die in ihr lebende Mitwelt um so freudiger jede Gelegenheit ergreifen, bei der es ihr möglich ist, ihm ihre Verehrung, Liebe und Zuneigung zu bezeugen, desto freudiger werden grade diejenigen, unter die er seine Geistessaat vor allen gestreut, seine Jünger und Schüler diesen Augenblick begrüßen, um Ihrem Lehrer und Meister das Gefühl der Dankbarkeit und Verehrung zum Ausdruck zu bringen. Und ein Fest, meine Herren, an dem wir solchen Empfindungen Ausdruck geben, feiern wir Jungen und Alten heute, das Jubiläum der 40jährigen Dienstthätigkeit unseres verehrten Lehrers, des Professors, Regierungsrathes Dr. Friedrich Schuler von Libloy.

40 Jahre! Was bedeutet eine solche Zeit für ein Menschenleben, was bedeutet sie, beinahe ein halbes Jahrhundert, wenn sie noch dazu im Dienste der Wissenschaft und des Vaterlandes verflossen, Erinnerungen in sich birgt, deren Gedanken die Seele mit Stolz erfüllt und das Herz weitet!

„Es ist mit des Menschen Geist wie mit der Rinde der alten Erde, auf den Anschwemmungen der Kindheit thürmen sich in stürmischer Hebung neue Schichten auf, Fels und Grad und hohe Bergwand die bis in Himmel zu reichen wähnt, und der Boden, darauf sie ruht, ist mit Trümmern überschüttet und vergessen — aber wie die starren Gipfel der Alpen oft sehnsüchtig zu Thal schauen und sich heimwehbewältigt hinabstürzen in die Tiefe, der sie entstiegen, so fährt die Erinnerung zurück in die Tage der Jugend, und gräbt nach den Schätzen, die sie zurückließ." So regt es auch uns, die wir heute Wirken und Schaffen des gereiften Mannes feiern, an, uns die einzelnen Stufen der Entwicklung desselben zu vergegenwärtigen.

Friedrich Schuler von Libloy wurde am 13. Januar 1827 zu Hermannstadt in Siebenbürgen geboren. Er besuchte das evangelische Gymnasium seiner Vaterstadt, dann die siebenbürgisch-sächsische Rechtsakademie daselbst. Das Studium der Rechte beendigte er an den Hochschulen in Wien und Graz, woselbst er in die Gerichtspraxis eingetreten war. In seine Vaterstadt zurückgekehrt, wurde er 1851 Supplent — an Stelle Zimmermanns, des nachmaligen Präses des k. k. Oberkirchenrathes in Wien — an der Rechtsakademie, bereits im nächstfolgenden Jahre, kaum 25 Jahre alt, außerordentlicher, 1857 ordentlicher Professor an derselben.

Die Vielseitigkeit seiner Vorlesungen zeigt uns den umfassenden Geist. Anfänglich trug er siebenbürgische Rechtsgeschichte — ein Gebiet, das wegen des mangelhaften Zustandes der darüber vorhandenen Literatur zu den schwierigsten gehörte — und sächsisches Statutarrecht, später protestantisches Kirchenrecht und Nationalökonomie, nebst zeitweilig anderen Lehrfächern, vor. Auch versah er seit 1857 die wichtige Stelle des Bibliotheksverwesers an dieser Anstalt.

Als im Jahre 1875 in unserer Stadt die Hochschule gegründet und so im Osten unserer Monarchie ein neues Bollwerk der Wissenschaft geschaffen wurde, als es sich darum handelte, für die spätere gedeihliche Entwicklung derselben durch Berufung bewährte Kräfte einen festen Grund zu legen, wurde Professor Schuler an die juridische Facultät derselben berufen. Es wurde ihm die Lehrkanzel des deutschen Rechts, sowie die Vertretung für Völkerrecht, zugewiesen, und in bekannter Vielseitigkeit übernahm er zu Zeiten auch andere Fächer. Zweimal — 1878/79 und 1890/91 — bekleidete er an unserer Universität die höchste akademische Würde, das Rectorat — allein schon Beweis, welch hoher Achtung er sich im Kreise seiner Collegen erfreute.

Schon in Hermannstadt entwickelte Schuler neben seiner lehramtlichen Thätigkeit nicht minder umfassende und ersprießliche in den öffentlichen Angelegenheiten seines engeren Heimatlandes. Im Jahre 1863 zum Deputirten des Hermannstädter Landtages gewählt, war er einer der thätigsten Mitglieder desselben und insbesondere auf dem Gebiete der Sprachengesetze und des Landesbudgets unermüdlich thätig, von seiner Curie wurde er dann auch in das Abgeordnetenhaus des österreichischen Reichsrathes entsendet, dem er während der Sitzungsperiode 1863 — 65 angehörte — bekannt durch seine Wahrhaftigkeit und sein männliches Eintreten für seine Ueberzeugung.

 Justum et tenacem propositi virum
 Non civium ardor prava iubentium
 Mente quatit solida

Auch in den kirchlichen Angelegenheiten seiner Heimat wirkte Schuler als Mitglied des Landesconsistoriums, der höchsten Kirchenbehörde evangelischer Glaubensgenossen. Als mächtiger Förderer des gewerblichen Lebens seiner Heimat war er seit 1868 Vorstand des Hermannstädter Gewerbevereines, und die würdige Vertretung der siebenbürgischen Industrie auf der großen Wiener Weltausstellung 1873 war ihm zu verdanken, wie denn überhaupt seine Wirksamkeit auf diesem Gebiete von den segensreichsten Folgen für das Gedeihen und die Cultur des Landes begleitet gewesen ist. Daneben aber entfaltete Schuler eine ebenso ersprießliche wissenschaftliche Thätigkeit, und es ist in richtiger Würdigung oft erkannt und ausgesprochen worden, was er für die Entwicklung der österreichischen Rechtswissenschaft bedeutet. Er gehört mit zu jenen Männern, welche das in den 50er Jahren d. Jahrh. nach Oesterreich verpflanzte Reis deutscher Rechtswissenschaft pflegten und förderten, und selbst durch zahlreiche Werke den Grund für die gedeihliche spätere Entwicklung legten. Und auch hier tritt uns seine reiche Vielseitigkeit entgegen. Er war nicht nur von der Erkenntnis durchdrungen, daß die einzelnen Wissensgebiete zusammen gehören und erst in ihrer Gesammtheit die wahre Wissenschaft bilden, sondern er hat dieselbe auch verwertet und verwirklicht — stets bestrebt, vorhandene Lücken durch eigene Arbeit auszufüllen. Von seinen zahlreichen Werken erwähne ich nur die „Siebenbürgische Rechtsgeschichte" in 3 Bänden, das Lehrbuch der „deutschen Rechtsgeschichte", den „Grundriß der europäischen Rechtsgeschichte", das Lehrbuch des „evangelischen Kirchenrechts", die „Ungarischen Rechtsdenkmäler" und das „Ungarische Staatsrecht". Außerdem wären noch eine große Anzahl juridischer und culturhistorischer Schriften zu nennen und die zahlreichen in Zeitschriften erschienenen Abhandlungen und Vorträge.

Schuler hat durch seine Arbeiten mit den Grundstein gelegt zu einer Wissenschaft, die von Tag zu Tag an Bedeutung gewinnt und ein großes bedeutendes Feld vor sich hat — der vergleichenden Rechtsgeschichte. Dies geschah vor allem durch seine europäische Rechtsgeschichte; aber auch durch die Art der Behandlung der siebenbürgischen und deutschen Rechtsgeschichte. Stets in erster Linie allgemeine Gesichtspunkte hervorhebend, sucht er durch Gewährung größerer Perspectiven vor allem das Allgemeine hervortreten zu lassen, ohne dabei jedoch auf die Details wissenschaftlicher Forschung zu verzichten. Epochemachend war seine siebenbürgische Rechtsgeschichte, nicht nur durch die angegebene Art der Behandlung, sondern weil sie überhaupt das erste Werk der österreichischen Jurisprudenz ist, das einen provincialen Rechtsstoff von großem Umfange und hervorragender Wichtigkeit systematisch behandelt, u. zw. zu einer Zeit, wo keinerlei Vorarbeiten vorhanden, so daß das Werk, wie es in der Vorrede heißt, die Wissenschaft erst einführen muß. Strengste Unparteilichkeit und Gewissenhaftigkeit ist ihm oberster Grundsatz, und auf die grundlosen Einwürfe, die von mancher Seite egoistischer Interessen halber gegen die Ergebnisse seiner Forschung erhoben wurden, antwortet er ebenso stolz als entschieden.

„**Die Wissenschaft soll keine Magd der Politik sein.**"

Was uns am meisten fördert, ist neben der Summe des Wissens, die wir einem bedeutenden Manne verdanken, vor allem seine eigene Persönlichkeit, die durch das, was sie für uns geschaffen, ein Theil unseres eigenen Wesens wird. Und gerade der akademische Lehrer wirkt auf diese Weise am idealsten und unmittelbarsten. Denn den besten Inhalt seines Lebens soll er dem Hörer entgegenbringen, ihm so durch sein eigenes Wesen Vorbild sein und richtender Führer. Daß dies bei Schuler der Fall, das wissen vor allen wir, seine Hörer."

Redner schildert die anziehende Art des Vortrages des Gefeierten, weist auf die schwierige Stellung des akademischen Lehrers und insbesondere des Rechtslehrers hin und fährt fort:

"Unserem Jubilar aber war es vergönnt, nicht nur das, was er als Schriftsteller verfochten, anerkannt und fortgebildet zu sehen, sondern auch eine Zahl von Schülern heranzubilden, die heute in hervorragender Stellung sich mit Dankbarkeit und Verehrung des Mannes erinnern, der sie geleitet und geführt. Auf all den vielen Gebieten, auf denen er gewirkt, war seine Thätigkeit von Erfolg begleitet, und Anerkennung dessen ist auch die unserem Jubilar jüngst zutheil gewordene allerhöchste Auszeichnung, die Verleihung des eisernen Kronenordens. So ist es denn unser aller sehnlichster Wunsch, daß es unserem Jubilar vergönnt sein möge, noch viele, viele Jahre froh und freudig in gleich erfolgreicher Weise unter uns zu wirken, als Mann der Wissenschaft, als Führer und Berather der Jugend. Und in diesem Sinne, meine hochgeehrten Herren, bitte ich Sie, mit mir einzustimmen in den Ruf: Friedrich Schuler von Libloy, er lebe hoch! hoch! hoch!"

Begeistert stimmten alle Anwesenden in den Ruf ein, alles umdrängte den Jubilar, jeder wollte sein Glas an das seine stoßen, und lange dauerte es, bis der Jubel sich legte und Landtagsabgeordneter Tyminski als Sprecher der ehemaligen Hörer Schulers zum Worte gelangen konnte.

Derselbe wies zunächst auf den allgemeinen Beifall hin, den die aus der activen Studentenschaft hervorgegangene Idee einer glänzenden Feier des Jubiläums in den Kreisen der ehemaligen Schüler des Jubilars gefunden — wohl das beste Zeugnis für die Sympathien und das treue Gedenken, die in den Herzen aller jener leben, die einst von Schuler gelernt. Redner hebt die pädagogischen Vorzüge des Lehrers Schuler hervor, seine glänzende Darstellungsgabe, seine Fähigkeit, das Interesse seiner Hörer auch auf die trockensten Gegenstände zu lenken, und kommt dann auf den Menschen Schuler zu sprechen, der dem akademischen Lehrer keineswegs nachstehe. Er rühmt die Liebe und Sympathie, die Schuler jedem ohne Unterschied der Nationalität und Confession entgegenbrachte; er erzählt zur Beleuchtung dieser Behauptung eine Episode aus seinem eigenen Leben, da er mißlicher Verhältnisse halber nahe daran war, die Hochschule zu verlassen, und wo Schuler allein ihn zum Ausharren bewog, dem er so seine ganze heutige Stellung zu verdanken habe. Redner spricht dem Jubilar in seinem und aller diejenigen Namen, die ihn zu ihrem Sprecher bestellt, den tiefgefühltesten Dank aus. Er feiert sodann den Patrioten Schuler, und hebt ferner hervor, daß den Gefeierten, ein so echter und rechter deutscher Mann er sei, dies nie gehindert habe, allen anderen Nationalitäten unvoreingenommen und objectiv zu begegnen. Redner erinnert an die Beliebtheit, deren Schuler auch im Kreise der nichtdeutschen Studentenschaft sich erfreut, die er immer zur Pflege ihrer nationalen Eigenthümlichkeiten und zum gleichzeitigen Festhalten am österreichischen Staatsgedanken ermuntert habe, und schließt mit einem Hoch auf den Jubilar.

Auch diese Rede fand lauten Beifall. Nun wurde unter Musikbegleitung ein vom Schriftsteller Dr. O. J. Nußbaum zu dieser Feier auf den Jubilar gedichtetes und von Professor Worobkiewicz in meisterhafter Weise in Musik gesetztes Lied gesungen, dem der unter Commando des Dr. Mittelmann stramm executirte Schuler-Salamander folgte.

Unter dem Jubel der Anwesenden ergriff nunmehr der Gefeierte selbst das Wort. Er fühlte sich außer Stande, auf die gehörten Reden entsprechend zu erwidern, Schamröthe h.ieße ihn schweigen. Doch wolle er in Gesagten ein Symbol sehen für alle Professoren und alle Universitäten, damit von Straßburg an und durch die deutschen Universitäten, als die älteren Pflegstätten der Cultur, bis zu dieser jüngsten gelte: Wenn in dumpfem Bann die Welt haftet am Erwerbe, — Sind zu Hütern wir bestellt für der Menschheit Erbe, — Daß nicht, was vom Geiste ist, schnell verkomm' in dieser Frist, — noch das Schöne sterbe, und was edel ist, verderbe." Im Besondern wolle er aber Reden und Salamander, wenn es ihm gestattet sei, so erwidern:

Ein Salamander that uns hier vereinen,
Seniores, juvenes — und St ff dabei .
Doch bei des Festes Freude, sollt' ich meinen,
Steht mir, dem Jubilar, ein Trinkspruch frei.

Es ist ein Smollis aus dem vollen Herzen,
Ein Dank für Mitgefühl, für Lob und Preis;
Doch fürcht' ich gar, — man treibt es so zum Scherzen —
Es gilt Hal art d.r Jugend und dem Greis!

Man darf d e Schmeichelworte ja nicht wägen,
Denn Phantasie hat heut' ein freies Spiel.
Der schöne Zweck bringt allerlei entgegen,
Die Wa rheit aber sagt: Es ist zu viel!

Doch Smollis Euch, das soll mich nicht verdrießen,
Die Freundschaft hoch! Die Lieb' zum Vaterland!
Wir wollen alle die als Brüder grüßen,
Um die sich schlingt der alma mater Band.

Dann ein Fiducit, ja, auf Gott und Ehre,
Auf Treue halten, jedem Forschergeist!
Fiducit Wahrheit und des Wissens Wehre!
Das sei das Prosit! — Prosit, das allen sich erweist!

Nicht enden wollender Jubel belohnte die gelungenen und, weil unerwartet kommend, desto wärmer aufgenommenen Verse.

Der Präses der „Akademischen Lesehalle" stud. jur. H. Schwarzwald brachte einen warmen Toast auf die alma mater, welche das derzeitige Haupt derselben Rector magnificus Prof. Dr. Pribram mit folgender Rede erwiderte:

„Da ich heute Vormittag bereits in officieller Form, als Vertreter der Universität, Veranlassung hatte, unserm hochverehrten Freunde Schuler meine Glückwünsche darzubringen, so könnte es vielleicht überflüssig erscheinen, daß ich nochmals das Wort ergreife. Wenn ich es dennoch thue, so folge ich nur einem Herzensbedürfnisse, und nicht als Rector, nicht in officieller Eigenschaft, sondern als Freund zum Freunde möcht ich sprechen, weil ich es nicht zu Wege bringe, zu schweigen, wo alle unsern lieben Freund umdrängen, um ihm ihre Sympathien auszudrücken.

Unser Jubilar ist vorhin in begeisterter Weise gefeiert, es ist seiner mannigfachen Tugenden gedacht worden. Wenn ich das bedenke, so sollte mir eigentlich der Muth sinken, noch etwas zu sagen, denn entweder wiederhole ich schon Gesagtes, oder ich greife anderen vor. Wo so viele Freunde vorhanden sind, hat ja jeder das Bestreben, einige freundliche Worte zu sagen und seinem Herzensbedürfnisse Rechnung zu tragen, irgend eine der vielen guten Seiten Schulers als Thema für einen Toast zu wählen.

Da muß ich mich denn nach etwas umsehen, auf das ein anderer nicht leicht verfällt, irgend eine Eigenschaft ins Auge zu fassen suchen, die, wenn auch bekannt, doch vielleicht übersehen werden könnte.

Wenn ich nur meinen lieben Freund Schuler so recht betrachte, so mit dem Auge des Naturforschers betrachte, so erinnert er mich an ein physikalisches Instrument, und zwar an eine Sammellinse."

Redner will keine schlechte Witze machen, es soll keine Anspielung auf des Jubilars Körpergestalt sein, obwohl immerhin diese auf des Gefeierten Wohlbehagen in der Bukowina hindeutet; der Vergleich soll sich beziehen darauf, daß Schuler sich in seiner Wirkung als Sammellinse schon oft bewährt hat.

„Wer gedenkt nicht der Grillparzerfeier, wo es ihm gelang, durch die Macht seiner Persönlichkeit nicht nur die ganze Studentenschaft, sondern auch einen großen Theil der der Universität ferner stehenden Bevölkerung um sich zu scharen, und die Strahlen der Begeisterung, die er in sich sammelte, sie giengen dann verstärkt weiter, sie haben die lauteren Bestrebungen seines Schützlings, der Lesehalle, ins rechte Licht gesetzt und ihr manchen Freund dauernd gewonnen.

Und auch heute hat sich seine sammelnde Kraft bewährt. Man blicke nur um sich, man sehe die fröhlichen Gesichter, jung und alt; man höre die warmen Beglückwünschungsreden, und man wird nicht im Zweifel sein, daß er das Agens ist, und daß in seinem Brennpunkte die Anhänglichkeit der Studirenden sich zu wahrer Begeisterung entflammt, und alle hier Anwesenden von der wohlthuenden Wärme freundschaftlicher Gesinnung für unsern Freund erfüllt sind.

Und diese Fähigkeit, so als Sammellinse zu wirken, diese Gabe, andere zu erwärmen, zu entflammen, wir finden ihre Ursache in seinem biedern, treuen, von Wahrheit und Rechtlichkeit erfüllten Wesen.

Möge es ihm gegönnt sein, noch viele Jahre in ungeschwächter Kraft sich dieser seltenen Gabe zu erfreuen — dies wünsche ich aus vollem Herzen, und um diesem Wunsche eine symbolische Form zu verleihen, bitte ich Sie, die Gläser zu erheben, sie anzustoßen, daß sie harmonisch ausklingen, in dem Rufe:

Lang lebe unser lieber Freund, unser verehrter Jubilar Schuler!"

Den Worten seiner Magnificenz schloß sich der Decan der juristischen Facultät, Regierungsrath Professor Dr. Hiller in seiner bekannten, liebenswürdigen und geistreichen Weise an. In launigen Worten schilderte er die Anziehungskraft des Jubilars auf die Damenwelt und brachte sein Glas dieser und dem Gefeierten. Der letztere zögerte nicht, auf die beiden letzten Reden abermals in glänzenden Strophen zu antworten:

Was hebt mich denn heute so freudig empor?
Ich meine nur: gratias agamus!
Collegen und Freunde — ein würdiger Chor!
Ihm gilt es für immer: gratiamus!

Das heißt noch zum Feste ein inniges Wort
Und passet zum Ersten und passet so fort;
Drum schalle im Echo von jeglichem Ort:
Ein herzliches ergo bibamus — ergo bibamus:

Und blick' ich zurück auf sechzig und fünf,
Semester die neunzig gezählet:
Wie viel war da Lob, wie viel war da Schimpf!
Wie viel war gelungen gefehlet!

Das Beste, di Freundschaft, ein Herz und ein Schlag,
Die Arbeit, die Lust am vergangenen Tag
Und manches, was heute verschwiegen sein mag —
So war es ein Wandern — zum andern — ein Wandern.

Das Leben ist wahrlich eine Reise voll Last,
Examina und fort: laboramus!
Die Freude doch manchmal ein seltener Gast,
Ihr gilt es nun: gratias agamus!

Ein freudiges Fest ist wie das sonnige Licht,
Das Nacht und die Wolken mit Strahlen durchbricht;
Und mir aus dem Herzen im Toaste es spricht:
Euch Allen ein gratias agamus! — ein gratias
agamus!

Nachdem der Jubel sich gelegt, der diesen launigen Reimen folgte, brachte stud. jur. Laizner die eingelaufenen Briefe und Depeschen zur Verlesung. Er mußte sich mit der Hervorhebung der wichtigsten begnügen, denn wahrhaft erdrückend war der Hause der Gratulationen. Auch wir können nur die Namen der hervorragendsten Absender erwähnen.

Es beglückwünschten den Jubilar theils telegraphisch theils brieflich die **Professoren**: Wien: **Pfaff** und **Juraschek**; Prag: **Bering**; Graz: Rector magnificus **Goldbacher** und Decan **Bischof** Namens der ganzen Juristenfacultät; Krakau: **Dargun**; Hermannstadt: **Heinrich Herbert** und **Wilhelm Weiß**; Erlangen: **Gengler**; Heidelberg: **Schröder**; Jena: **Rosenthal**; Kiel: **Pappenheim**; München: Konrad von **Maurer**.

Von **persönlichen Freunden und Freundinnen** des Jubilars: Wien: Bandirector **Böhm** es in Triest: Oberstlieutenant **Conrad** und Familie; Generalprocurator Ritter von **Cramer**; kaiserlicher Rath **Graeser**; Vorstand des Handelsgremiums **Wilhelm Maager**; Hofrath **Zeynek**; Lindenhof (Neuwaldegg): Buchhändlerswitwe v. **Gerold**; Budapest: Ministerialrath und Reichstagsabgeordneter Eugen Br. von **Salmen**. Czernowitz: Excellenz Landeshauptmann Alexander Baron **Wassilko**; Schulrath **Wolf**. Genua: Generalconsul Hofrath **Scherzer**. Gmunden: k. k. Hofsecretär Victor Maria Edler von **Milborn**. Graz: Excellenz Minister a. D. Freiherr von **Conrad-Eybesfeld**. Iglo: Familie **Gegenbauer**. Innsbruck; Baron **Werdt**. Klagenfurt: Landes-Gerichts-präsident Dr. Baron **Mylius**. Lemberg; Dr. Friedrich **Kratter**. Luhatschowitz: Badearzt Dr. **Kükler**. Pilsen: Professor **Schwerdtner**; Ragaz (Schweiz): Oberst-Curialrichter Ritter von **Pleckersfeld**; Salzburg: Bibliothekssvorweser Richard von **Strele**; Suczawa; Professor Wilhelm **Schmidt**. Teplitz-Schönau: **Oidofalvy** und Frau; Feldzeugmeisterswitwe Augusta Gräf v. **Libloy** Exc.; Jetta **Hulla**; Karl **Peters**.

Aus dem alten Bekannten- und Freundeskreise in **Hermannstadt-Nagyszeben** liefen Glückwünsche (größtentheils telegraphisch) ein: von Pfarrer **Bell**; Schulrath Albert **Bielz**; Präsident der Advocatenkammer Dr. **Bruckner**; Sectionsrath **Gebbel**; ein Collectivtelegramm von Baumeisterswitwe Therese **Guth**, Doctorswitwe Mathilde **Irtl**, Doctorswitwe Johanna **Möferdt**, Sectionsrathswitwe Julie **Ranicher**; vom Männerchor **Hermannia**; von Archivar Dr. **Orendt**; **Osterlamm**; den Bezirksrichtern **Papist** und **Fuchs**; Finanzrath **Simonis**; Obergerichtsrath Adolf **Spech**; dem Graf der Sachsen und Obergespann Gustav **Thalmann**. Ebenso aus **Kronstadt-Brasso** von: Bürgermeister Franz von **Brennerberg**; **Langer**; **Adam**; **Herfurth**; Finanzdirector **Fograscher**.

Zahlreiche Telegramme liefen von **ehemaligen Schülern des Gefeierten**, die sich nunmehr sämmtlich in angesehenen Stellungen befinden, aus allen Himmelgegenden ein. Wir heben hervor: Wien: Steuerinspector **König**; Dr. **Johann Sontag**; Dr. **Johann Baron Styrcea**; evang. k. k. Oberkirchenrath **Trauschenfels**. **Hermannstadt**: Secretär der ev. Landeskirche A. B. in Siebenbürgen Karl **Fritsch**; Bürgermeister **Hochmeister**; Magistratsrath Julius **Sigerus**. Mühlbach: Bürgermeister Otto **Conrad**. Rabautz: Bezirksrichter **Tomaszczuk**; **Suczawa**: Bezirkshauptmann **Duzinkiewicz**; Bezirkscommissär **Palak**; Georg **Popowicz**; Regierungs-Conceptspraktikant **Zierhoffer**. Aus **Kronstadt** lief eine lange Glückwunschdepesche ein, unterzeichnet von einer ganzen Reihe ehemaliger Schüler des Jubilars.

Besonders sind hervorzuheben die dem Jubilar zugekommenen Adressen vom **Professorencollegium der hiesigen juridischen Facultät**, vom **evangelischen Landesconsistorium**, d.m **Verein für siebenbürgische Landeskunde** und dem **Bürger- und Gewerbeverein**, sämmtlich in Hermannstadt.

Nach Verlesung eines Theiles dieser zahllosen Telegramme und Zuschriften (v.g. des Archiv der „Akademischen Lesehalle") sprachen noch stud. jur. **Hatschek** und stud. jur. **Schätz** im Namen der Corps „Alemannia" und „Austria", sowie stud. jur. **Benta** im Namen des ruthenisch-akademischen Vereins „Sojuz", denen der Gefeierte antwortete:

„Bereits vormittags habe er das Vergnügen und die Ehre gehabt, dem akademischen Senat, dem juridischen Professorencollegium, den Corps „Alemannia" und „Austria", der Burschenschaft „Arminia", den akademischen Vereinen „Lesehalle", „Junimea", „Academia Orthodoxa", „Bukowina" u. a., die ihn als Jubilar beglückwünscht hatten, die Gefühle seines Dankes und seine Gesinnung auszudrücken; er wolle auch hier Einiges erwidern. — Was man ursprünglich sei nach Nationalität, nach Confession, das sei eine Schickung des Zufalls, eine Gabe der Natur, die uns in verschiedene Lager stellt ohne Schuld und ohne Verdienst; was man aber später durch Wissen und Charakterbildung aus sich mache, das sei unser Lohn und allein auch der berechtigte Stolz, und da finde man, daß auch andere denselben Weg zu einer größeren Höhe durchgemacht hätten, die sich aber als Culturmenschen wieder in einem und demselben Lager der Bedürfnisse und des Berufes zusammenfinden; gleichwohl habe man auch die eigene Nation und eigene Confession als treuer Sohn mitheranzuziehen auf diese höhere Stufe der Entwicklung und man könne dabei von jedem Stamme viel Gutes lernen, um als Corporation oder politisches Volk von jedem Stamme etwas Gutes mit hinüberzunehmen. So habe er die ruthenischen Soldaten 1849 wegen ihrer Tapferkeit heroischen Muthes, die schwersten Leiden ruhig und gehorsam zu ertragen, bewundert, und hätten die Ruthenen dazu die geschulte und biedere Energie begabter eigener Führer, so würden Mannschaft und Officiere mustergiltig dastehen. Solche Tugenden und ihre besten Erfolge wünsche er dem „Sojuz" und den sehr honorigen Corps und der ganzen Studentschaft, daß es heißen möge, wie im Wahlspruch:

>„Was uns bewegt, was uns gebricht —
>Das Gute fröhlich wagen —
>Das Schlimme ruhig tragen —
>Und stets das R e ch t ertragen —
>So geht's durch Nacht und Sturm
>Zu Freud und Licht —
>Das sei Studenten-Zuversicht".

Ein Profit der „A l e m a n n i a", der „A u s t r i a", dem „S o j u z"! Mit der Absingung des Liedes „O alte Burschenherrlichkeit!" schloß der officielle Theil dieser erhebenden Feier. Der Jubilar — an seiner Seite seine aus der Loge heruntergeleitete Gemahlin — übernahm das Hospizpräsidium. Auch nach seiner Heimfahrt blieben zahlreiche Theilnehmer zu fröhlicher Exkneipe noch lange zusammen.

Die prunkvoll ausgestattete, vom Herrn Regierungsrath Professor Dr. H i l l e r verfaßte A d r e s s e d e r j u r i d i s c h e n F a c u l t ä t trägt folgende Widmung: „Hochgeehrter Herr Jubilar! Ein Fest, wie es zu feiern Wenigen vergönnt ist, die auf den Höhen des akademischen Lehramtes stehen, begehen wir heute mit Ihnen: Den glanzvollen Rückblick auf ein vierzigjähriges mannhaftes Wirken und Ringen, reich an Thaten, reich an Verdiensten für Wissenschaft, Lehramt, Vaterland! Was Sie Unvergängliches für die siebenbürgische Rechtsgeschichte, dauernd Werthvolles auf dem Gebiete des deutschen Rechtes und vieles Treffliche in andern Wissenszweigen schufen, hat die wissenschaftliche Welt längst mit Dank und Anerkennung gewürdigt und aufgenommen. Ihre Schüler, die Sie während Ihres langen ehrenvollen Wirkens in Hermannstadt, die Sie hier unter unseren Augen als gottbegnadeter Lehrer und väterlicher Freund der akademischen Jugend heranbildeten zu Beamten, akademischen Lehrern und Rechtsanwälten in Siebenbürgen, in Ungarn, im österreichischen Vaterlande, preisen dankbaren Herzens in Ihnen den ersten und liebsten Lehrer in ihrem juristischen Beginne. So war Ihr bisheriges Leben an sich kostbar, weil reich an Mühe und Arbeit und an lohnender Anerkennung, deren höher gewerteter Theil im eigenen Bewußtsein gethaner Pflicht und befriedigten Schaffensdranges liegt. Und uns, den Ihnen am nächsten stehenden Collegen und Freunden, erübrigt nur die eine Pflicht, an diesem festlichen Tage Sie zu erheben und zu beglückwünschen, als der besten Menschen einen, als den allzeit wohlwollend gütigen Genossen, Freund

und Berather, den echten deutschen Mann, voll wahren Biedersinns und warmer Empfindung für alles Gute und Schöne, dessen goldene Herzenstugenden ihn hochstellen über so viele, mit denen des Lebens täglicher Kampf uns zusammenführt. In diesem Gefühle drücken wir Ihnen, lieber College, heute die Hand, in diesem Bilde leben Sie in unsern Herzen allerorten und allzeit fort, auch wenn wir einmal räumlich getrennt wären, mit diesen Sympathien grüßen wir Sie heute als Männer, welche gleiche Arbeit und gleiches Streben weiht und eint. Gott schütze und erha'lte Sie unserem Kreise ad multos annos! Decan und Collegium der rechts- und staatswissenschaftlichen Facultät.

Czernowitz, am 28. Mai 1892. Karl **Hiller**, Decan, F. **Kleinwächter**, Ernst **Hruza**, Josef **Kryspin**, L. **Wahrmund**, A. **Grawein**, Arthur **Skedl**, Franz **Hauke**, Julius **Roschmann**."

Das Gratulationsschreiben des evang. Landesconsistoriums A. B. in **Siebenbürgen** lautet: „Ew. Hochwohlgeboren! In diesem Jahr vollenden sich vier Jahrzehnte, in denen es Ew. Hochwohlgeboren durch Gottes Gnade vergönnt war, auf hervorragenden Stellen im Dienste der Wissenschaft die heranwachsende akademische Jugend für ihren erhabenen Beruf heranbilden zu helfen. Den größeren Theil der öffentlichen Lebensthätigkeit haben Ew. Hochwohlgeboren in unserem Staatsgebiete, der österreichisch-ungarischen Monarchie zugebracht, und dabei nicht nur die Literatur über das Recht unserer Kirche durch werthvolle Arbeiten bereichert, sondern auch als Secretär des Oberconsistoriums, später als weltlicher Beisitzer des Landesconsistoriums mit regem Eifer und wissenschaftlichem Geiste den praktischen Arbeiten des Kirchenregiments Ihre erprobte Kraft gewidmet. In dankbarem Andenken an diese, in unserem Culturleben bleibende Spuren hinterlassende Wirksamkeit tritt denn auch das achtungsvoll unterzeichnete Landesconsistorium in die Reihe der Glückwünschenden, indem es Ihnen, hochwohlgeborener Herr, auf der Höhe eines rühmlichen Tagewerkes den Ausdruck lebhafter Theilnahme darbringt, zugleich mit dem Wunsche: Der Herr möge Ihren weiteren Lebensgang durch Erhaltung schaffensfreudiger, körperlicher und geistiger Frische verschönen. — Hermannstadt, 14. Jänner 1892. Dr. G. D. **Teutsch**, Bischof; Karl **Fritsch**, Schriftführer.

Das Begrüßungsschreiben des **Hermannstädter Bürger- und Gewerbevereines** lautet: „Sr. Hochwohlgeboren Herrn Dr. Friedrich Schuler von Libloy, k. k. Regierungsrath und k. k. Universitäts-Professor, Ehrenmitglied des Hermannstädter Bürger- und Gewerbevereines Die am 13. d. M. stattfindende Feier des vierzigjährigen Dienstjubiläums Ew. Hochwohlgeboren gibt auch dem hochachtungsvoll gefertigten Ausschusse die freudig begrüßte Veranlassung, Ew. Hochwohlgeboren zu diesem seltenen Ehrentage herzlichst zu beglückwünschen. Wir erinnern uns dabei gerne und mit den Gefühlen aufrichtigsten Dankes jener Zeit, die Ew. Hochwohlgeboren in unserer Mitte zugebracht; wir freuen uns, daß es Ew.

Hochwohlgeboren, unserem Ehrenmitgliede, von einem gütigen Geschicke vergönnt wurde, nach einem thaten= und erfolgreichen Wirken die Zeit der Anerkennung erleben und mitfeiern zu dürfen. Und indem wir zu Gott dem Allmächtigen hoffen, daß er Ew. Hochwohlgeboren auch auf Ihrem ferneren Lebenspfade, wie bisher, beschirmen und beschützen werde, geben wir der hohen Ueberzeugung Ausdruck, daß Ew. Hochwohlgeboren auch uns — zu denen Sie ja doch noch immer gehören — die stets erwiesene Theil= nahme und das Interesse für unser Wirken und unsere Erfolge auch in alle Zukunft schenken und erhalten werden, und zeichnen mit der aufrich= tigsten Hochachtung der Ausschuß des Hermannstädter Bürger= und Ge= werbevereines. Hermannstadt, 6. Jänner 1892. Martin S ch u st e r, Ver= einsdirector; Gustav Theiß, Secretär."

Das Glückwunschschreiben des **Vereines für siebenbür= gische Landeskunde** lautet: „Hochwohlgeborener Herr! Hoch= geehrter Herr Professor und Regierungsrath! Ew. Hochwohlgeboren feiern in diesem Jahre das vierzigjährige Jubiläum ernster und fruchtbarer Arbeit im Dienste der Wissenschaft und des Staates. Wie an diesem Tage Ihre Gedanken zurückgehen werden in die alte Heimat, so gedenken in dieser zahlreiche Kreise des Mannes, des Commilitonen, des Freundes, den sie vor einem halben Menschenalter mit Wehmuth aus ihrer Mitte scheiden sahen. — Dazu gehört nicht in letzter Reihe der Verein für siebenbürgische Landeskunde, dessen Mitglied Sie in voller Würdigung seiner idealen Aufgaben wurden, als das nicht getäuschte Vertrauen der obersten Behörde Sie auf den Lehrstuhl der Wissenschaft berief, die mit den Aufgaben unseres Vereines in innigem Zusammenhang stand. — Viele Jahre hin= durch zugleich Ausschußmitglied des Vereines, haben Sie eine ungewöhnlich reiche Thätigkeit auf dem Felde der siebenbürgischen Landeskunde entwickelt. Gestatten Sie uns, daß wir zum Zeugnis dafür nur auf Ihre „Sie= benbürgische Rechtsgeschichte" hinweisen, ein Werk, in dem Sie ein literarisches Denkmal geschaffen haben, das neben seinem wissen= schaftlichen Werthe als ernster Markstein in dem Gange der Zeiten für die Zukunft doppelt bedeutungsvoll sein wird. Wie dies alles vor unserem geistigen Augen steht, so ist unsere Theilnahme um so inniger, daß es Ihnen vergönnt ist, im edelsten Wirkungskreise, in voller Frische des Geistes und des Körpers von der erreichten Höhe des Lebens auf reiche Früchte desselben zurückzublicken und sich derselben zu freuen. Und indem wir in diesem Gefühle Ihnen zugleich die besten Wünsche zum schönen Ehrentage darbringen, rufen wir Ihnen in alter Treue zu: Vive, vale, vige per multos adhoc annos! Hermannstadt, 5. April 1892. Dr. G. D. T e u t s ch, Vorstand; Adolf A l b r i ch, Secretär."

III. Das Schuler-Bankett.

Das Souper, zu dem Professor Dr. Schuler von Libloy die Professoren der Universität, einige persönliche Freunde und die Mitglieder des Festcomités für den 18. Juni 1892 in den großen Saal des „Hotel Central" geladen hatte, wird den Theilnehmern wohl immer unvergeßlich bleiben durch die glänzende Gastfreundschaft des Gastgebers, seine Freundlichkeit, sein herzliches Entgegenkommen und den gemüthlich-heitern Ton, der an der Tafel herrschte. Insbesondere uns Studenten, die an diesem Abende theilgenommen haben, wird das Andenken an ihn der Liebenswürdigkeit und des herzlichen Wohlwollens wegen, mit denen unser allverehrter Lehrer uns umgab, allzeit theuer sein.

Die Gäste, die der Einladung Folge leisteten — und das thaten alle, die nicht verreist oder krank waren — wurden vom Regierungsrath Professor Dr. Schuler von Libloy und seiner Gemahlin in einem Nebenzimmer des großen Saales empfangen- und aufs liebenswürdigste bewillkommt. Als später die Gäste in den großen Saal traten und an der hufeisenförmigen, vom Gärtner Piotrowski höchst geschmackvoll mit Blumen decorirten Tafel Platz nahmen, bemerkte man: Regierungsrath K o c h a n o w s k i, Bürgermeister K o c h a n o w s k i, Director L a i z n e r, die Universitätsprofessoren Rector magnificus P r i b r a m und von der juristischen Facultät Decan H i l l e r, Prodecan K l e i n w ä c h t e r, H a u k e, H r u z a, K r y j p i n, R o s c h m a n n, S t e d l, W a h r m u n d; von den theologischen Facultät Constantin und Eusebius P o p o w i c z, R e p t a, W o r o b k i e w i c z; von der philosophischen Facultät Decan H i l b e r g, H a n d l, S b i e r a. Von dem Festcomité waren erschienen die ehemaligen Hörer des Jubilars: Magistratssecretär B o r c e a, Advocat Dr. C h o d r o w e r, Finanzcommissär Dr. K o h n, Advocaturs-Concipient Dr. L u p u l, Redacteur Dr. N u ß b a u m, Advocat Dr. S e l z e r und Landtagsabgeordneter T y m i n s k i. Endlich hatten sich von unserm Verein eingefunden: vom Ausschuß Präses stud. jur. S c h w a r z w a l d sen., Vicepräses stud. jur. H a n d l, stud. jur. S c h w a r z w a l d jun., stud. jur. S e r w i s c h e r, vom studentischen Festcomité Dr. G o l d h a c k e r, stud. jur. H o c h d o r f, cand. jur. H o r n, cand. jur. S t i g l i t z, stud. jur. W e n d e r, cand. jur. W i n k l e r von S e e f e l s, stud. jur. W o l f f r a m und die Mitglieder stud. jur. L a i z n e r und stud. jur. S e i d n e r.

Das Menu lautete: Majonnaise de poissons; Filet de boeuf garni; Rotis de poulet, salade française; Crème de fraises, worauf Fromage und café noir folgten. Man trank: Bière de Pilsen, vin de Nussberg, champagne de Heidzik Monopol.

Den Reigen der Toaste und heiteren Tischreden eröffnete der Festgeber mit einem herzlichen Willkommengruß; es sprachen dann Regierungsrath K o c h a n o w s k i auf die Universität, Bürgermeister v. K o c h a n o w s k i auf die „A k a d e m i s c h e L e s e h a l l e", deren Initiative das Zustandekommen der so schönen Jubiläumsfeier zu danken sei, Rector **Pribram** auf den Jubilar, ferner Herr Professor **Handl** in launigen Worten (er wies tadelnd und die akademische Jugend warnend auf die „Stoffvergeudung" hin, deren sich verschiedene Vorredner schuldig gemacht hätten — so hatte Bürgermeister **Kochanowski** auf Schuler u n d Frau in e i n e m Athmen toastirt, wo doch z w e i so lange und schöne Reden daraus hätten gemacht werden können!), Regierungsrath Professor **Hiller**, Professor **Popowicz**, Professor **Stebl**, Dr. **Lupul**, Präses stud. jur. **Schwarzwald** sen. („vivat hilaritas in hoc concessu!"), Vicepräses stud. jur. **Handl** in herzlichen Worten auf den Jubilar und Festgeber und cand. jur. **Horn**. Lebhafte Heiterkeit erregte die launige Verwünschung, die Professor Schuler dem juridischen Professorencollegium und insbesondere deren Oberhaupte, dem Decan **Hiller** zuschleuderte. Da das Professorencollegium der juridischen Facultät ihn stets mit freundschaftlicher Nachsicht und Gewogenheit ausgezeichnet habe, möchte er einmal statt zu beglückwünschen, dasselbe und seinen Decan, den verehrten Freund Hiller lieber verwünschen :

> Ich wünsch' Dir den Teufel — weit hinter den Rücken,
> Es treff' Dich der Blitz   von den lieblichsten Blicken!
> Der Donner zerschmettre — der Mißgunst die Beine
> Daß Dich das Wetter — der Liebe bescheine!

Dich verehrter Freund, soll das Wetter der Liebe bescheinen, das Deiner lieben Frau, Deiner herzigen Kinder; der vielen Freunde, der ganzen Welt, — das Dich das Wetter — ihrer Liebe bescheine! —

Wir Studenten sorgten für den cantus, der denn auch — dem perlenden Champagner sei's gedankt, der zur allgemeinen Lustbarkeit mächtig beitrug — trefflich gelang.

Es war schon lange nach Mitternacht, als die Gäste in fröhlichster Laune von den liebenswürdigen Festgebern Abschied nahmen.

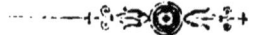

Festvortrag

am 4. October 1875

für die feierliche Eröffnung

der

k. k. Franz-Josefs-Universität

in Czernowitz.

Von

Professor Schuler von Libloy,

derzeit Dekan der rechts- und staatswissenschaftlichen Facultät an der
k. k. Franz-Josefs Universität.

Dritte Auflage.

Czernowitz 1894.
H. ß. Universitätsbuchhandlung Heinrich Pardini
(Engel & Suchanka).

Euere Excellenz!

Hochverehrte Festversammlung!

Gestatten Sie, hochverehrte Festversammlung, daß der Redner davon schweige, dessen das Herz unserer Aller voll ist und lieber in wenigen Grundzügen der Erörterung nachfolge, von welchen Geistesströmungen das Land Bukowina mitberührt wurde, bis in das öde gelassene Gebiet seiner Buchenwälder Oesterreich den fernen Weg fand, hier der deutschen Wissenschaft neue Wohnstätten zu erbauen und mehrsprachigen Volksstämmen zugänglich zu machen!

Mehr als hundert Jahre war das Land der hohen Pforte unterthänig — seit nur einem Jahrhundert gehört es zu Oesterreich — und mitten in dieser Stadt führt die Türkenstraße zu dem einzigen öffentlichen Brunnen, dem „Türkenbrunnen", und schöpft noch vielfach die Bevölkerung das Wasser aus Cisternen, die sich im Innern des Hauses verbergen.

Wie ein Nachklang früherer Zeiten wölben sich hier die Kuppeln neuer Prachtgebäude und ziehen um die Thürme die Galerien der „Gebet-Ausrufer", die Fenster blicken maurisch, die Hallen und Corridore byzantinisch — durchbrochenes Gitterwerk der Marmorplatten, glänzende Farben der Dächer, eine Fülle von Balconen — sie wecken die Sehnsucht nach dem Orient und lassen es nachfühlen, daß er bis hieher die Schwellen seines Geschmackes verlegte.

Fest an dieser Grenze das strengkatholische Polen! — es hat seine Heiligenbilder in die Gassen der Stadt getragen und seine Frauenschönheiten zieren manches Haus und wechseln heimatliche Laute, die völlig fremd das deutsche Ohr berühren.

Daneben überallhin verbreitet der slavische Ruthene, schmiegsam und doch tapfer, wenig fordernd und doch treu, der romanische Moldauer von gleicher Arbeitsamkeit und nach dem Westen hinneigender Richtung in Bildung und in Sitte — beide Volkselemente vereinigt in der griechisch-orientalischen Kirche! Zwischen ihnen zog den Handelsweg der sächsische Bürger und siedelte ihm nach der israelitische Kaufmann, rasch sich vermehrend und nur am Sabathtage der Geschäfte überdrüssig, ein neues wichtiges Culturelement in diesem Lande, denn sein wohlverstandenes Interesse pflegt mit Vorliebe die deutsche Weltsprache als das Bindemittel seines Verkehrs.

Dazu kam der deutsche Colonist und tauschten Worte der Nachfrage der Bulgare und Armenier, begrüßten sich Abkömmlinge von Tartaren und Kumanen, war der wackere Setler auf magerem Rößlein in das Thal herabgestiegen — ein seltsames Völkergemische; — kein Stamm berufen, den andern zu beherrschen, nur im staatlichen Leben Oesterreichs gemeinsam verbunden.

Wie würden sonst die Richtungen weit auseinandergehen — wie oft die Anschauungen an der Scholle des Hauses kleben -- wenig berührt von jenen Erziehungsmethoden, wenig gefördert durch jene Gebote, womit die Herren des Landes ihre Ueberlegenheit maßen, hier polnisch und kosakisch, dort türkisch und griechisch.

Eine lange Reihe von Leidensgeschichten entrollt sich vor unseren Augen. Betrachten wir die militärischen Pagenschulen des Orients, wohin die unterworfenen Christen die Blutsteuer ihrer Jugend — als Adschem-Oglan — abliefern mußten, um mit der Kraft der Renegaten Staat und Heer zu verjüngen; — blicken wir dann in die mit den Moscheen verbundenen Schulen des Islams und erkennen wir hieran den mächtigen U m s c h w u n g der Zeiten. Die Medresse (Schule) an der Moschee des Bajezid war eine Rechtsfacultät der Türken. Ein Professor derselben, Mulasim nach seinem Berufe genannt, konnte Studenten (Danischmend geheißen) auch vom Pruth und Sereth haben. Bis hieher gelangten Muffetisch als Untersuchungsbeamte, Naib als Gerichtsadjuncten und Kadi's als Richter; Mollahs und Ulemas, „Diener der Religion und des Gesetzes", mochten sie begleiten, damit hier der Koran des Propheten gelesen werde und die Roßschweife des Halbmondes die Herrschaft des Padischah verkündigen.

Sehen wir davon weg in die polnischen Profeßhäuser des Ordens Jesu, — da wandelt bis zur selben Stelle wie Jene der Fanatiker des Glaubens und steigt vom Berge hin bis zum Berge, um Neubekehrte seinem Gott der Rache zu gewinnen, sparsam mit dem ausgetheilten Brocken des Wissens.

Fast schüchtern und beklommen sieht das orientalische Kreuz, wie sich hier Halbmond und Tiara flüchtig begegnen, und doch mächtig genug, um seine vorherrschende Geltung nicht zu vertragen. Sie alle beugen sich, wenn der diplomatische Unterhändler der beginnenden Neuzeit einherschreitet — erfahren in der Staatskunst und jener ränkevollen Politik, welche damals die Höfe der Mächtigen umschlang und ihre leidenschaftlichen Augen hängen ließ an Stambul und an Rom — an Italien und Spanien, den damaligen Brutzonen geistiger Strömung. Von daher ziehen sich die Gedankenfäden und weben und formen an dem Grundstoffe der Weltereignisse. Ein unsichtbares Gespinnst gemeinsamer Pläne und Interessen wird weit hinausgetragen zu weit entlegenen Völkern. —

Diese geistigen Brutzonen waren es, welche ein Klima von Gedankenströmungen erzeugten; aber dies berührte — wie der Flug der Wolken die Spitzen der Berge — nur die hervorragenden Mächtigen in Stadt und Land, daß sie entweder ihre Scepter und Federn zu einander neigten oder mit Spitzen und Schwertern gegen einander schlugen. Stumpfsinnig verharrte die Bevölkerung in Gehorsam und zahlte die Kosten der Anderen. Das Wissen und die Macht jener Zeiten — (Oesterreich hat ihre Dauer in diesem Lande verkürzt) — forderten, unbekümmert um das Gewühl des gemeinen Volkes — was ihnen als Contribution zugänglich erschien; der Türke den Karatschtribut, der christliche Herr die standesmäßige Erpressung; beide aber die Kriegslieferungen aller Art. Die Mehrzahl der Menschen waren die Opfer der Wenigen und sie mußten dies sein, denn jedes Stadium in der Entwicklung des Menschengeschlechtes verlangt in Arbeit und geistiger Thätigkeit das Emporringen nach Oben. Unser schönstes Verdienst bleibt es, wenn Staat und Volk im Stande sind, die unteren Stufen bald hinter sich zurückzulassen.

Wir befinden uns in einer Stadt des raschen Aufschwunges, mitten — in Neuschöpfungen Oesterreichs — und feiern ein Fest, welches sonst nur mehr vorgeschrittenen Ländern vergönnt ist.

Es war vor wenigen Jahrhunderten, daß in der langsamen Entwicklung der Cultur ein Stadium sich dauernd wie das Joch von drei Despotenreichen auf das Menschengeschlecht niederlassen wollte. Niemand Andern trifft die Schuld dessen, als die damalige Gesittung, welche nach diesen drei Despotenreichen verlangte. Sie umfaßten die großen Halbinseln, welche als südliche Ausläufer in das Mittelmeer sich erstrecken. Am meerverbindenden Bosporus gebot der Sultan, in der Ewigen Stadt an der Tiber segnete und fluchte der Papst und der König von Spanien herrschte in jenem Weltreiche, dessen Sonne niemals unterging.

Die weltlichen Herrscher von des Propheten Fahne und dem Kreuzesschwert des Cid waren Gebietiger zu Land und Meer; der Erziehungskunst ihrer Schulen entstammten jene der Autorität gehorsamen Truppen, welche entweder selbst Sclaven waren oder andere als Sclaven behandeln wollten! Sie trugen in ähnlicher Weise Angriffs- und Eroberungspläne ihres obersten Herrn in die Nachbarstaaten und in die Küstenländer anderer Continente und forderten die Unterwerfung im Namen ihres Gottes.

Wo aber damals diese Truppen nicht hinlangten, da konnte noch der Vatican seine Priester und Mönche entsenden, und der Stellvertreter Christi — nicht Herr von Italien, aber ein Allgewaltiger über Geister und Gespenster — erstreckte seinen Hirtenstab weit über die Wolken in das Himmelreich des Erlösers, tief hinab in den brennenden Schlund der Unterwelt, um die Gnaden und Schrecknisse seines Gottes zu vertheilen. Es war die einzige Methode der Erziehung, wie sie damaliger Aufklärung gefiel.

Mit dem gewaltigen Flügelschlage humanistischer Forschung und Gewissensfreiheit, — mit deutschen und österreichischen Waffen — hat sich Mittel=Europa der Uebermacht jener Strömungen und ihrer ränkevollen Politik entzogen; die mittleren Staaten Europas, zumal der Westen des Continents, haben die Fesseln früherer Anschauung gelöst; **Wahrheits= liebe und Pflichttreue** sind an die Stelle des Sclavengehorsams getreten, beleuchtet und geführt von der Fackel der **Wissenschaft**, die immer mehr ihren strahlenden Glanz auch in diese Länder verbreitet.

War es wirklich so dunkel, als wir vermeinen, und haben wir vergessen, daß Araber und Türken einstens in Bildung den Christen überlegen gewesen sind? Erinnern wir nur an Bagdad und Cordova und an den Gang der Cultur vom indischen Osten nach dem transatlantischen Westen. Wohl schreibt Jacobo Ragazzoni 1571 vom osmanischen Reiche, „daß seine christlichen Bewohner so in Armuth und Elend versunken sind, daß sie kaum die Augen zu erheben wagen, um einem Türken ins Angesicht zu schauen. Selbst wenn ihr Land fruchtbar ist, sorgen sie nur dafür, so viel zu gewinnen, als sie brauchen, um ihren Karatsch zu bezahlen und sich das Leben zu erhalten, denn was sie mehr erzielen würden, das möchte ihnen von den Türken hinweggenommen werden." — Ein und der andere venetianische Berichterstatter verkündigen der Signoria des Marcus=Löwen, daß in den Karpathenländern — Ungarn und Walachei — die tyrannischen Sitten des sclavenhaltenden Barbareskenstaates nachgeahmt werden und der willkürlich hausende Herr von dem Schweiße der Unterjochten lebe. Es waren eben jene Vasallenstaaten dem geistigen Klima des mächtigen Nachbarreiches erlegen. Indeß, trotz alledem hatte dieses erstaunliche Grundlagen der Macht in seinem **Erziehungssysteme** gefunden. Die Pagenschulen der Osmanen lieferten das Elitecorps der Janitscharen und reichlich verpflegte Diener des Serails. — Wie eigenthümlich muß es uns daher berühren — mitten aus der Erzählung von Hofcabalen und Palastintriguen, welche die Geschichte der Türkei und seiner Vasallenstaaten erfüllen — von dem Venezianer Trevisano (1554) Folgendes zu vernehmen: „Die Türken haben in ihrem Heere drei Dinge nicht, welche für den Soldaten von großer Wichtigkeit sind: den Wein, die Lohndirnen und das Spiel; außerdem aber ist es ihnen eine ganz eigenthümliche Sitte, welche sie überall und zu jeder Zeit streng beobachten und die sie für die Hauptursache ihres Waffenglücks halten, daß sie niemals den Namen Gottes lästern und es niemals unterlassen, an den dazu bestimmten Stunden mit vieler Ehrfurcht ihr Gebet zu verrichten; selbst wer die Namen Jesu Christi und der Jungfrau Maria lästerte, würde ebenso bestraft werden, als wenn er den Namen ihres Propheten Mahomed gemißbraucht hätte."

Ein Oesterreicher, der Apotheker Seidel, welcher den Gesandten Krekwitz 1591 begleitete, rühmt von den Türken: „daß sie in ihren Feld= zügen und Lagern, in ihrer Religion ein viel andächtiger, gottesfürchtiger, ehrbarer, keuscher, mäßiger, sauberer, stiller und besser Leben führen als die Unsrigen. So ist auch bei ihnen gute Ordnung und Gehorsam, welches ich gesehen und erfahren". Busbek, der Gesandte Kaiser Ferdinand's, schreibt desgleichen: „Ich habe es oft bitter beklagt, daß in dieser Beziehung unsere Sitten von den Gewohnheiten der Türken so verschieden sind. Ich beneidete sie um ihre Weise. — Denn den Türken ist es eigenthümlich, daß sie, wenn sie in den Besitz eines ausgezeichneten Menschen gelangen, sich darüber wie über eine kostbare Sache ganz besonders freuen und bei seiner **Ausbildung** weder Fleiß noch Mühe sparen, vorzüglich, wenn sie ihn zum Kriegsdienst für tauglich halten. Bei uns steht es damit ganz anders. Wir freuen uns, wenn wir einen schönen Hund, einen ausgezeichneten Falken oder ein prächtiges Pferd erhalten und lassen nichts unversucht, sie in ihrer Art zur höchsten Vollkommenheit auszubilden. Mit einem Menschen von ausgezeichnetem Talente geben wir uns beiweitem nicht so viele Mühe, seine **Erziehung** kümmert uns wenig; je höher aber der Mensch seiner Natur nach über den übrigen lebenden Wesen steht, desto mehr freuen sich auch die Türken über einen wohlgebildeten und wohlerzogenen Menschen." — Wohin führten endlich jene **Erziehungsresultate**? — wohin führen **ähnliche**, die **jenem** Klima entspringen und die Wissenschaft nicht ihrer selbst willen achten? — Der Renegat sollte als **Werkzeug** gebraucht werden; — doch Sclavendienst hat immer und überall eine furchtbare **Corruption** zur Folge. Dem Großherrn zu Gefallen leben, sich selbst möglichst schnell bereichern, war das Losungswort in 40 Statthalterschaften, welche 20 ehemalige Königreiche umfaßten, 8000 Meilen lang und ebensoviele breit gewesen sind.

Auch dieses Land fiel in die Brutzone **jener** geistigen Strömung. — Mochte der Mahomedaner und sein **Nachahmer** durch manche edle Eigenschaft ausgezeichnet erscheinen, sein Sinnen und Trachten blieb nur auf Phantome des Wahns gerichtet; eine wahre Erkenntnis konnte sich in den überlieferten Lehren der confessionellen Schule nicht entwickeln; der fatalistische Glaube und das sinnliche Paradies des Gottesfürchtigen schlug seine Willenskraft in fesselnde Bande. So waren die dem Islam **zugeneigten** Länder kaum irgendwie vom Geiste altclassischer Literatur befruchtet, unbekannt mit den Mächten der Natur, ohne den Einfluß edler Frauensitte, ohne die Würde persönlicher Freiheit! Fast gar nichts haben diese Länder zum Fortschritte der Wissenschaft beigetragen; glücklicher die Menschen dort, wo sie wenigstens empfangen konnten, was sie selbst zu erzeugen nicht vermochten. — Oesterreich ist es gewesen, welches diese Grenzlinien erweiterte — Prinz Eugen der edle Ritter — Kaiser Josef II. — und alle die, welche mit ihnen und nach ihnen wandelten.

Indeß wieder gebietet uns der heutige Tag, — die schöne Fernsicht auf die erzbischöfliche Residenz, — der großen Verdienste auch **Anderer** zu gedenken, welche dem **griechisch-orientalischen Religionsfonde** die Unterlage gegeben. Konnten sie damals nicht mehr leisten, so waren die ökonomische Lage des Volkes, die geringen

Culturansprüche des Landes, die griechische Kloster- und Phanarioten-Wirthschaft, daran Schuld. So lange der genügsame Ruthene und der sinnige Rumäne Viehzüchter gewesen, suchten sie, ohne bleibende Stätte, die wechselnde Trift und gedrängt von der Noth des Tages, den Schutz der Wälder. Rumanen und Tartaren, Kosaken und Türken, drohten mit feindlichem Ueberfalle, oft das Land mit ihren Raubhorden verheerend. — Die erste noch sichtbare Cultur brachte der slavische Ruthene in die Weidegegenden dies- und jenseits der Karpathen. Regellose Haufen, zerstreute Familien, übersprengten das Land bis an die Donau.

Aus „ruthenisch-slavischer Benennung" entsteht das Wort „Czernowitz"; slavischen Institutionen entstammen rumänische Würdenträger, der Spatar, Stolnik, der Dwornik und andere mehr, welche sich im Ungarischen ispány und im walachischen isprawnik als Gauvorsteher" begegnen. Flüsse, Bergspitzen und Ortschaften tragen in Menge slavische Namen, ja selbst kumanische, viel später gelingt es dem Rumänen, die Bevölkerung dichter zu schaaren und besser zu cultiviren, die Bande der Religion enger zu knüpfen; — beide Stämme vereinigt, können das Land zu beginnender Selbständigkeit erheben; viel mehr zu erringen, war ihnen vom Schicksal versagt, trotz vieler Kämpfe und geregelter Dienstesverpflichtung. Sobald aber ein westlicher Großstaat ihre Stellung sicherte — nicht, wie Viele so gerne glauben, gefährdete — hat sich in den ehemaligen Vasallenstaaten eine Entwicklung zur Größe und innern Reife Bahn gebrochen, welche auch in dieser Hochschule ein Unterpfand des Friedens erblicken wolle. So lange die Großmächte in den Karpatgenländern das Schlachtfeld ihrer Begegnung suchten, erlahmte völlig der Sinn für wissenschaftliche Bildung, wenn ihn nicht irgendwo die deutsche Schule erhielt und weiterhin verpflanzte; indeß mitten in den Strömungen grundverschiedener Geistesrichtungen und blutiger Kämpfe haben jene moldavischen Stiftungen und Widmungen ihren Ursprung gefunden, welche dem griechisch-orientalischen Religionsfond mehr als die Hälfte der Bukowina an Grundbesitz zugeführt haben. Es war wie eine dem dunklen Schoß der Erde anvertraute Staat, welche aber nicht emporreifen konnte. Die Regierungsweisheit österreichischer Staatsmänner hat diese Ernte gezeitigt; die theologische Facultät dieser Universität, eine griechisch-orientalische einzig in ihrer Art, ist eine der jüngsten und herrlichsten Früchte, welche die Bukowina jenen Stiftungen und dem Kaiserstaate verdankt. — Die Länder, welche wir jetzt „Oesterreich-Ungarn" heißen, haben auch ähnliche Störungen der Entwicklung an sich erfahren müssen. Sie lagen allzunahe jenen Brutzonen des mittel-alterlichen Klima's welche in ihrer Mitte eine Reihe von Religionskriegen auflodern ließen und dadurch verhinderten, daß Oesterreich sein Werk bürgerlicher Arbeit und freiheitlicher Gestaltung in den Karpathenländern vollführe, das ungleich größere im deutschen Reiche vollende. Bis in die Gegenwart ragen die Folgen dessen und haben uns darauf hingewiesen, die Schule zu reformiren,

Unterrichtsstätten zu erbauen. — Wie war es denn so gekommen und spielten nicht Erziehungsgrundsätze, Absichten der Collegien von Pont-à-Mousson, von Ingolstadt und Pultusk, Madrid und Krakau, die spanischen Mönche von Wien, mit dabei eine Rolle!?

Weßhalb war es so schwierig, recht zu denken und recht zu handeln? Weßhalb die Tugend nicht eine Frucht wissenschaftlicher Erkenntniß? — Im Anfange des 16. Jahrhunderts war die practische Philosophie in der Gefahr, einer völlig materialistischen Richtung zu verfallen. Hier der Humanismus und die Reformation, welche neues, ideales Leben erweckten — dort die spanische Regierungskunst und die jesuitische Erziehung, welche neue ethische Grundlagen schufen und das Licht ihrer Tugend an dem Scheiterhaufen der Ketzer entzündeten. Bis dahin hatte fast allenthalben eine heidnische Moral die Sinnlichkeit des Mittelalters genährt; es war ein Zug der Zeit und eine Stimmung des Volkes, wenn selbst in Rom die Hierarchie verspottet wurde und Papst und Clerus sich an der Frivolität jener Tage erfreuten; die kirchlichen und religiösen Bande waren gelockert: es mußte sich die Volkserziehung des Südens ein neues Mittel ersinnen, um die Massen der Fehlenden und Trostsuchenden, die gesellschaftlichen Höhen, in Angst und Abhängigkeit zu erhalten, die Seele durch ein Fegefeuer der Religion zu läutern. Doch auf demselben Boden blühten Wissenschaften und Künste italienischer, handeltreibender Stadtrepubliken. In Deutschland fiel dem Protestantismus die Aufgabe zu, in Frankreich der philosophischen Skepsis, in England der exacten Forschung, um aus der Zerfahrenheit des Zeitalters — durch die Wege des Zweifels, der Kritik und der Behauptung, zu neuem Irrthum und zu neuer Spaltung zu gelangen; aber der Weg führte zugleich durch die befreiende That der Geister in eine unermeßliche Gedankenwelt von unerschöpflicher Natur ewig blühender Gründe. Diese Gedankenwelt ist das Gemeingut der deutschen Wissenschaft geworden, welches sie hinausträgt in die Länder des Ostens, zurückfluthend, woher ihr die Anfänge der Cultur zugekommen.

In Italien und Spanien aber und weit verbreitet vielerorten waren es dagegen Dominicaner und Jesuiten — letztere nicht unverdient um manchen Zweig der Wissenschaft — welche mit allen Bestimmungen und Schreckmissen einer streng dogmatischen Lehre — in dem Autoritätsglauben und dem religiösen Gehorsam — das abergläubische Menschengeschlecht aus den Irrfahrten seiner Unwissenheit und Leidenschaft hinüberführen wollten in den Rosengarten ihrer Zucht, wo aber die verbotenen Früchte an den Bäumen hingen und Hecken und Zäune, Stationen und Bittgänge, den Weg zum Heile führten. Jedes Mittel der Pflege und des Zwangs war gerechtfertigt, um auf diesem Wege der Tugend das Menschengeschlecht zu erlösen und in den Dienst der herrschenden Idee zu beugen. Deßhalb konnte — um den Wendepunkt des Jahres 1600 — der päpstliche Nuntius Malaspina, ein Hauptvermittler der Gegenreformation und von Staatsintriguen aller Art, die sich vom Rhein bis in die Karpathen, von Steiermark bis Schweden in seiner Hand abspielten, aus vollster Ueberzeugung sagen: „Die wahre Gnade ist, Ketzern und Ungläubigen gegenüber ungnädig zu sein." Es war eine entsetzliche Verblendung, welche **Wahrheitsliebe** und **Pflichttreue** völlig verkehrten und dennoch uns die Achtung vor manchem Kämpfer und Helden jener Zeit aufnöthigen. Vor Allem ist es — wenn wir die Geschicke **dieses** Landes in Betracht ziehen — der Papst Clemens VIII., welcher unsere Sympathien verdient — Philipp II., der una ache Würdigung erfahren. Sie hegten nämlich den Plan, die **Türken** aus Europa zu vertreiben und eine neue Machtpolitik dem Continente aufzuerlegen.

In ihrem Bunde stand der unglückliche Kaiser Rudolf II., König von der einen Hälfte von Ungarn, hinabblickend auf die hundertthürmige Stadt an der Moldau, erzitternd vor dem Gedanken, von einem Mönche ermordet zu werden; — in ihrem Bunde stand der wankelmüthige Jesuitenzögling Sigismund Bathory, Fürst von Siebenbürgen, nahe daran, die ungränzenden Karpathenländer unter einem neuen Königsscepter zu vereinigen; — in ihrem Bunde Michael der Tapfere, Wojwoda der Walachei, Sieger in mancher Türkenschlacht — vorgedrungen bis „Czernowitz" mit den gleichen Träumen, seinen Vasallenstaat vom schwarzen Meere bis an die Theis, von der mittlern Donau bis an den oberen Pruth auszudehnen. Großartig im Beginne war das feine Netzwerk der Politik, die Schärfe des Schwertes, womit der Arm dem Kopfe sich einte und dennoch rasch der Niedergang. — In der Schlacht von Keresztes 1596 stand in dem Türkenheere der englische Gesandte Berton und blickte frohlockend auf die siegreiche Fahne des Propheten. Die Vertreter von Venedig und Frankreich beugten sich, Glück wünschend vor den Großvezieren der Pforte und ein schlaues Lächeln umspielte die finsteren Züge der Sarmaten. Nicht einmal die katholischen Mächte vermochte dieser **letzte** der „Kreuzzüge" zu vereinigen. Wäre zu jenen Zeiten der Hirte dort gestanden unter Buchen und Tannen — welche noch lange fortrauschten, bis die Stadt zu ihrer Höhe emporklomm — dort, wo heute das „Austriadenkmal" enthüllt wurde, hinausblickend mit furchtsammen Nehaugen auf die Furten des silberblickenden Flusses, er hätte, erschrocken, die Heerde in das Dickicht gewendet, denn im Thale erglänzten ja die Lanzenspitzen der polnischen Reiter, welche Zamoyski, der strengkatholische Kanzler Polens, hinaussendete über diese Stellen des Pruth, um den moldauischen Prätendenten, Jeremias Mogila, den Freund der Türken, gegen Michael der Walachei zu unterstützen. Die Lanzenspitzen dieser siegreichen Truppen, einer katholischen Schutzmacht, hatten die letzten Maschen jenes Netzes zerrissen, welche der edle Papst Clemens der VIII. knüpfte, um das Heilige Grab nach Montalto zu verlegen und der Christenheit in Italien die allgemeine Wallfahrtsstätte zu errichten. —

Braucht es den solcher **Wallfahrtsstätten** und muß denn das **politische** Leben im Dienste der **Kirche** stehen? Die Wallfahrts stätten der neuen Zeit sind **Universitäten** und .**wissenschaftliche Congresse**, sind **Weltausstellungen**, meerverbindende **Canäle** und alpendurchbrechende **Tunnels.** — Stand aber auch wirklich das politische **Leben** jener Zeit im **Dienste** der Kirche? Von **Philipp II.**, der festesten Säule des Katholicismus, sollte man es wohl vermeinen. Eben dieser König nahm aber zu Neapel und Mailand am liebsten die zu Corregidoren, welche von der Kirche **excommunicirt** waren. Dieser Musterkönig, welcher sich selbst seiner geistlichen Attribute wegen für sacrosanct hielt, der Großmeister von drei spanischen Ritterorden, dessen Flotte unter Johann von Oesterreich in der Schlacht von Lepanto 1571 den ersten großen Seesieg über die Türken davon trug, — er, der Mann der unbarmherzigen Inquisition, der zu Hoffesten entzündeten Scheiterhaufen, er wurde — als die Competenzconflicte zwischen staatlicher und kirchlicher Jurisdiction ausbrachen — von der Kirche ein zweiter „Diocletian" geheißen, welcher die **Christenheit verfolge.** Als der in seiner spanischen Art heldenmüthige König sein schreckliches Ende fühlte, gescheitert in fast allen großen Plänen seines Lebens, gepeinigt durch den Gedanken, daß Spanien in kurzer Zeit unendlich verarmt sei und das stolze Reich dahinsieche, da blickte er auf seinen durch mönchische Erziehung zur völligen Charakterlosigkeit entnervten Sohn und rief, gefoltert vom Seelenschmerz, aus: „Zu der Gnade, ihm ein so großes Reich zu geben, habe Gott die andere, ihm einen Nachfolger zu schenken, der dasselbe ferner zu regieren vermöchte, nicht hinzufügen wollen."

So hing die Souveränetät des schönsten und größten Reiches an dem Erfolge einer „**Erziehungsmethode.**" —

Wohl uns, unserer Zeit und unserem Staate, daß seine Souveränität nicht mehr in Staatsverträgen allein, nicht blos in dem Arsenale der Waffen und der stets hochzuhaltenden Legitimität beruht, sondern zugleich fest darin wurzelt, daß er seinen Völkern die **Burgen des Geistes** erbaut, die Wege des **friedlichen Verkehrs** eröffnet. Gemeinnützige **Thaten der Wissenschaft und der industriellen Künste**, die sind es, welche bleibend die Herzen erobern, sie reichen weit mehr dar, als sie an Zoll verlangen und führen die Volksbildung in Schichten, welche darin ein **gemeinsames** Band verehren, das Hoch und Niedrig — verschiedene Stämme — verbindet. Die Conflicte und Gegensätze, welche im Mittelalter aneinanderstießen, sie werden heutzutage in **Schule und Werkstatt** ausgeglichen — und benöthigen nicht mehr der Lanzenspitzen, der Folter und der Flüche. Sie setzen an die Stelle dessen den Streit der Meinungen, die Fehde der Concurrenz und suchen den Ausgleich zwischen Capital und Arbeit, zwischen Sitte und Rohheit. Bei alledem bedürfen auch sie — Schule und Werkstatt — der **Leitung** und unausgesetzter **Forschung** nach dem, was **gut und edel, was schön und nützlich** ist?! Eine Stätte dieser Forschung sind die **Universitäten** mit dem Werkzeuge, einer großen Literatur, einer großen Geisterbewegung. Hierin liegt es, daß die **deutschen Universitäten** vor allen andern hervorragen, daß auch die Errichtung **dieser Universität Gegensätze und Conflicte zu lösen berufen ist.** — Nicht gothische Dome, altehrwürdig Münster, zieren diese junge, aufblühende Stadt, aber eine ziemliche Menge von Lehranstalten verbreiten in ihr das Licht der Aufklärung und helfen mit, Bildung und Wohlstand zu schaffen, wo sie früher fast ganz fehlten. Einzig in ihrer Art wird die theologische Facultät dieser Hochschule dem **griechisch-orientalischen** Glaubensbekenntnisse, in dessen reichen Religionsstiftungen bereits ein schöner Zug der Humanität gelegen ist, eine neue Pflegestätte der edelsten Güter bereiten, frei von Fanatismus, im Dienste wissenschaftlicher Bildung. Die **historischen und naturwissenschaftlichen** Fächer der Universität, in sich schließend zugleich, was als **Sprache und Recht** und als **Kraft der ökonomischen Bewegung** gegolten hat und heutzutage der Anwendung bedarf, sie sollen neue Anschauungen wecken, neue Ideen in Bewegung setzen, eine neue Gedankenwelt befruchten, damit die Jugend der philosophischen und juridischen Facultät hinaustrete in den Dienst des Volkes und des Staates, ausgerüstet mit den Kenntnissen ihres Berufes. Dann wird umsomehr erkannt und gewürdigt werden, daß die Bukowina nicht als Trennungsbild die Nachbarstaaten scheidet, vielmehr in ihrem **österreichischen** Bestande, in ihrer **Pflege der deutschen Wissenschaft** zugleich eine sichere Gewähr über die Grenzen hinauszugeben bereit ist, auch für die ruhige, politische Entwicklung der durch geistige und ökonomische Verbindung sich näher aneinander schließenden Länder. Mag man auch hie und da in einer Verblendung des nationalen Uebermuthes, welche sich selbst die Geißel der späteren Strafe bindet, diese Völkervereinigung mit scheelem Auge betrachten und die deutsche Wissenschaft mit dem Fußtritte des Barbaren von sich weisen — so lange dieser Uebermuth genöthigt ist, seinen Stolz vor dem Credite und Gelde des Nachbars zu beugen, und immer wieder aus den engen Rahmen seiner Bücherschränke herantreten muß an die großen Bibliotheken der deutschen Gedankenarbeit — um nicht in der Isolirung spärlicher Geistesschätze zu verkümmern, sondern in der Theilnahme an einer Weltliteratur mitzuerstarken — so lange wird auch stets **das Land ein natürliches Vorrecht** der Bildung behaupten, welches dem Heranzuge der deutschen Wissenschaft die Arme freundlich geöffnet hat. Dies Vorrecht muß aber von den Jüngern der Wissenschaft begründet und erhalten werden.

Ein leuchtendes Beispiel jener Tugenden, deren es hiezu bedarf, bietet uns die vaterländische Geschichte. Die Vorfahren unseres geliebten Monarchen waren auch Träger jener Ideen und Richtungen, welche ihrem Zeitalter und dem Klima damaliger Geistesströmung angemessen gewesen sind. Wie schwer auch sie mancher menschliche Irrthum traf, wie leuchten sie doch hervor durch die Tugenden, welche das Angebinde dieser Universität sein mögen! Rudolph der I., die Maximiliane, selbst Ferdinand II. in seinem traurigen Glaubenswahne, Leopold I., die beiden Josef, Maria Theresia und die, welche unser Zeitalter kannte — die Ehrfurcht verbietet mir, auch den jüngsten Namen zu rühmen — wie leuchten sie hervor in dem, was sie für Wahrheit und Treue hielten. Wahrheitsliebe und Pflichtentreue — die **recht erkannten und recht gepflegten** — müssen unser Werk begleiten, unser Streben unser unabhängiges Forschen adeln, daß es alle seine Kräfte einsetze, um hier der deutschen Wissenschaft die **Hochwacht des Geistes** zu erbauen, die **Stahlschmiede des Charakters** zu sein, aus welcher die Schläger der Welt hervorgehen.

Nichts wollen wir wissen von jenen Brutzonen des mittelalterlichen Klimas, frei und ungehindert unsere Neigungen und Ueberzeugungen dort hinwenden, wo die Vernunft die besseren Gründe zu erkennen vermag, den Ideen wollen wir uns anschmiegen, welche der Gedankenwelt deutscher Universitäten entspringen, jener Universitäten, welche die Errrungenschaften aller Nationen mit sich führen, und allen Nationen mitzutheilen bereit sind. Dann wird das Reich und das Land den heutigen Tag in weihevoller Erinnerung feiern, wie wir jetzt, ergriffen von der hochherzigen That unseres Kaisers, Sr. kaiserlichen und königlichen apostolischen Majestät, hinausrufen möchten über die Grenzen dieser freundlichen Oase deutscher Lehranstalten, umringt von hochgeachteten Hochschulen anderer Zunge, die mit uns am gemeinsamen Werke arbeiten: Nehmt uns auf, Schwester-Universitäten, in eure Mitte, lasset uns mitarbeiten an dem hehren Berufe der verbindenden und versöhnenden, der erlösenden und befruchtenden Wissenschaft! — Reich und Land, Stadt und Volk der Bukowina, empfanget die neue Hochschule mit Vertrauen und mit Liebe, machet es ihr möglich, euere Opfer mit ihren Gaben zu vergelten!

Die junge Hochschule aber — Docenten und Hörer — sie legen das Gelübde ab, der Wissenschaft dienen zu wollen in Wahrheitsliebe und Pflichttreue, um ihrer selbst willen. Können sie dies mit dem Freimuthe und der Tiefe der Forschung, mit der Klarheit der Mittheilung und der innern Erweckung vollbringen — so haben sie damit ihrer Dankbarkeit Ausdruck gegeben und doch nur gethan, was sie zu thun schuldig gewesen. Des hohen Stifters die Universität zierender Name soll ihr neue Begeisterung und neue Anhänglichkeit verleihen; hat die k. k. Franz-Josefs-Universität irgendwo Ehre geerntet in den Kämpfen geistigen Ringens, sie wird den Kranz mit Oesterreichs Farben zieren und an dem Herscherthrone niederlegen!

Das walte Gott, der allmächtige Geist der Entwicklung!

Ueber wichtige Rechtsschöpfungen der Neuzeit.

(Rectoratsrede, gehalten bei der Universitätsfeier am 4. October 1890)

von

Dr. Friedrich Schuler von Libloy.

Zweite Auflage.

Czernowitz 1894.
K. k. Universitätsbuchhandlung Heinrich Pardini
(Engel & Suchanka).

Hochverehrte Herren!

Liebwerthe Commilitonen!

Indem es mir vergönnt ist, von diesem Ehrenplatze — zum drittenmal — eine Festrede an eine hochansehnliche Versammlung zu halten, ist mir damit zunächst Veranlassung geboten, allen jenen Herren Collegen meinen Dank auszusprechen, von welchen diese Berufung, für den 4. October, unserm hohen Festtage, ausgegangen ist, — 1875 bei der ersten Eröffnungsfeierlichkeit unserer Franz=Josef=Universität — und bei den Rectorswahlen — 1878 und im heurigen Studienjahre 1890.

Dieser Festtag ist aber in weit höherm Maße für uns Alle ein wichtiger Gedenktag von wahrhaft patriotischer Freude, von einer nie zu versiegenden Dankbarkeit und tiefster Ergebenheit, da wir Alle unsre besten Segenswünsche an diesem Namensfeste Seiner kaiserl. und königl. Apostol. Majestät für unseren geliebten Monarchen und das ganze aller= höchste kaiserl. Herrscherhaus vereinigen — und es zugleich feierlich in Kirche und Amt, in Stadt und Land, aus vollem Herzen aussprechen.

Dieser hohe Gedenk= und Festtag hat allenthalben eine besondre Weihe erhalten, welche wir an dieser Stätte — als einer hochherzigen Stiftung Seiner Majestät auch damit vollbringen, daß der neu ge= wählte Universitätsrector — zur Inauguration seines Amtes — einem wissenschaftlichen Gegenstande die kurze Erörterung widmet — in freilich nur allgemeinen Grundzügen — und von der hochansehnlichen Versamm= lung die Theilnahme hiefür erbittet.

Mein Thema ist nicht von geringer Bedeutung; — doch rechne ich auf die Nachsicht der verehrten Herren Anwesenden, wenn die knapp be= messene Schilderung der hochgestellten Aufgabe nicht nachzukommen vermag.

Ich will nehmlich einige der wichtigsten Strebungen und Schöpfungen der **Neuzeit** vorführen, welche den Zweck verfolgen, ganz neue **Rechtsgestaltungen** für die Culturnationen — zumal auf dem Gebiete ihrer **Interessengemeinschaft** — hervorzurufen, damit sowohl in der innern Gesetzgebung Reformen vollzogen werden, als auch — besonders durch völkerrechtlich anerkannte Grundsätze und vereinbarte Verträge — Rechtsverbindungen entstehen, die sich immer mehr mit einem tief einwirkenden Inhalte erfüllen.

Diese Interessengemeinschaft, — diese Grundsätze, Reformen und Verträge — stehen im innigsten Zusammenhange mit der **rechtshistorischen** Entwicklung unserer Lebensverhältnisse — nach ihrem jeweiligen Bedürfnisse, jeweiliger Befriedigung. — Man kann zwar allgemeine Erscheinungen des menschlichen und staatlichen Daseins nach philosophischen Ideen betrachten — das Zufällige und Wechselvolle abzustreifen versuchen — und nur das ewig Bleibende nach absoluten Principien ermessen wollen; indeß man wird sofort gewahr, daß jenes Allgemeine der sogenannten philosophischen Idee sich immer nur in der besondern Gestaltung wechselvoller Ereignisse und allmählig heranreifender Zustände darzustellen vermag — daß alles Leben, Wirken und Streben, Erreichen und Vollbringen, abhängig ist von den maßgebenden Factoren unserer Schicksale — von der **Zeit** in der Geschichte — von dem **Raume** und Clima in dem Territorium — von der **Kraft** der Cultur, in Religion, im Recht, in der Wissenschaft, Kunst und Industrie, die alle sich nimmermehr gleichbleiben, sondern dem Wachsthume, der Blüthe und dem Verfalle preisgegeben sind.

Diese Factoren, die Zeit sowie der Raum in der Landesgeschichte, die Kraft der jeweiligen Volkscultur, sind immer in gewissen Perioden bei den einzelnen Staaten verschieden gewesen; — ebenso verschieden alle Zwecke und Mittel, womit die Person des Menschen, allein oder in Gemeinschaft, ihre Fähigkeiten, ihre Macht, ihre Ziele, zu erstrecken versuchte.

Hierin schon zeigt sich in der Gegenwart eine merkwürdige Erscheinung; man will nehmlich von Neuem jene **Grenzgebiete** des Rechts festzustellen versuchen, **bis wohin** — das öffentliche Interesse des Staates, das religiöse der Kirche, oder auch jenes der päbstlichen Curie, — zu reichen vermögen -- welche Organisationen ihre Machtsphäre nöthig habe und auf welchen Gebieten die Einzelperson und ihre individuelle Freiheit, die Gesellschaft, nach einem **neu** angestrebten **Ständewesen**, die arbeitenden Volksclassen, mit ihrem Verlangen nach Arbeit und Lohn, Unfalls- und Invaliden-Versicherung, — so gestellt werden müssen, damit nicht das Eine das Andre zum Opfer der Ausbeutung erniedrige.

Deshalb sträubt man sich Zwangsgewalten anzuerkennen; deshalb parlamentarische Zustimmung und Controlle für Gesetzgebung, Budget, und manche Verwaltungsacte; — man will Alles einem berechtigten Interesse der **Wohlfahrt** dienstbar machen: -- man trachtet Licht und Wärme Denen zuzuführen, welche daran Mangel gelitten; — geschweige, daß bei

Alledem auch persönliche Motive — zumal nationale, feudale oder demokratische, Herrschsucht, clericale oder conträre Tendenzen, Ehrgeiz und Streberthum begabter Führer, und alle Leidenschaften der Menschen, in dies moderne Getriebe der Parteien hineinspielen.

Mit der französischen Revolution — also seit einem Jahrhundert — hatte der sogenannte Liberalismus des Continents — (nicht zu gedenken des Vorbilds in England, mit seinem Parlament und seiner in Verbänden beruhenden Selbstverwaltung) — sich die Aufgabe gestellt, alle Fesseln des Mittelalters zu lösen — von diesen die absolutistisch regierten Völker zu befreien — verfassungsmäßige Zustände und Einrichtungen herzustellen; — indeß wie oft hatte es sich gezeigt, daß eine, zunächst auf Negation hinzielende, Politik kaum die ausdauernde Kraft zu entwickeln im Stande war, um überall Besseres an die Stelle zu setzen; das Bekämpfte und das Erstrebte wurden beide oft einseitig verkannt und bei allem Fortschritte neue Vorurtheile hervorgerufen — in dem Sturze von Staatsgewalten die vermeintliche Freiheit nicht errungen; ja Verheerungen angerichtet, — und trotz aller Neuschöpfungen jene Parteikämpfe begründet, welche immer mehr in gehässige Sonderstrebungen ausarten und überall das Verlangen geweckt haben, Organisationen anzustreben auf allen Gebieten des öffentlichen Lebens, welche, unberührt von diesen Parteikämpfen, Schutzmittel gewähren, damit die eigene Wirksamkeit sich zu behaupten vermöge.

Man will Uebergriffen entgegentreten und in neuen Rechtsschöpfungen der nationalöconomischen Freiheit die sittliche Bahn eröffnen; man will die Minoritäten und zurückgedrängte Kreise zur Geltung bringen.

I.

Für die Einzelperson des Staatsbürgers verbürgen die sogenannten constitutionellen Grundrechte jene verfassungsmäßigen Freiheitsbefugnisse, in welche weder der Staat noch die Kirche, oder irgend eine Nebenperson störend eingreifen sollen; — so auch, was das individuelle Eigenthum betrifft; — aber gerade hiebei hat sich ein neuer schwerer Kampf entsponnen; — er zeigt sich zumeist in der angestrebten socialistischen Gestaltung des Privatrechts, gegenüber den romanistischen Begriffen von Eigenthum und Capital, von Erbrecht und der schrankenlosen Vertragsfreiheit.

Diese Institute haben bisher mehr einem einseitigen Privatnutzen gedient; nunmehr gedenkt die Kritik an ihren egoistischen Constructionen solche Einschränkungen vorzunehmen, daß sie mehr dem öffentlichen Interesse Modificationen darzubringen haben, ähnlich wie man das Opfer der Expropriation für Staat und Gesellschaft verlangt.

Ethische Elemente, öconomische Ziele, sittliche Grundsätze, werden angerufen, um den schwachen Mann gegen die Ausbeutung des Stärkern sicherzustellen, — den wucherischen Erwerb niederzuhalten.

Manche Erscheinungen des Antesemitismus haben hierin gesucht, ihre Erklärung zu finden. — Es sollen Reformen ausgeführt werden im ganzen civilrechtlichen Gebiete, zumal im Eigenthum, Erbrecht, und im Obligationenrecht im Fabriks-, Handels- und Börsenverkehre, hauptsächlich deshalb, damit der Staat eingreifender seiner Aufgabe des Rechtsschutzes und der eigenen Sicherheit nachzukommen vermöge, und die gefahrdrohenden unteren Volksclassen durch die Arbeiterschutzgesetzgebung, durch Unterstützung ihrer Classen, durch Sicherstellung gegen wucherische Darlehens- und Lohnverträge, durch öconomische Maßregeln, befriedigt werden.

Andrerseits will man aber den besitzenden Classen zu Hilfe kommen; so den Immobiliarcredit durch das Institut der sogenannten Grundschuld flüssiger machen; Hypotheken- und Pfandwesen reformiren, damit nicht Credit-Institute sich unverhältnismäßig bereichern; wohl aber ein billiges Geld in die Canäle der Production gelange, — nicht in der bodenlosen Tiefe leichtsinniger Consumtion verschwinde — womit zugleich die Executionsfälle zahlungsunfähiger Schuldner seltener — die Verkaufsgelegenheiten der Realitäten aber weit günstiger — vorkommen werden.

Dingliche Rechte an Immobilien werden nach dem sogenannten Consensprincip, mittels der Intabulationsclausel, durch die öffentlichen Grundbücher erworben; — alle schwerfälligen Formen in der Abschließung von Rechtsgeschäften hintangehalten. —

Auf der einen Seite Commassation und Besitzregulirungen in Feld und Wald — das Höferecht mit der gesicherten Heim- und Werkstätte — der ungeschmälerte organisirte Arbeitslohn; — auf der anderen Seite aber die Beweglichkeit — sowohl des immobilen Eigenthums, als der Arbeitskraft — die überwachte Bank- und Börsen-Speculation — die (wenigen Schwankungen ausgesetzte) Creditfähigkeit aller Werthpapiere — u. dgl. m. — sind neue Zielpunkte der modernen civilrechtlichen Gesetzgebung — sowohl im Privat-, Handels- und Wechselrechte, als in der mitberührten Geld- und Fabriks-, Ackerbau- und Industrie-Polizei.

Aehnliche Grundsätze der Fürsorge, zumal die der Billigkeit, Schnelligkeit und Verläßlichkeit, verlangt das civilrechtliche Verfahren; — gewisse Vorzüge des summarischen Processes sollen immer mehr zur weiteren Geltung kommen; — sei es in der Gewährung der Selbstvertretung, der Mündlichkeit und Unmittelbarkeit, in der Beschränkung der Fristen und der Rechtsmittel; — oder auch in der Organisation der Gerichte — (vielleicht mit Zugeständnis eines freilich problematischen Schöffengerichts), — in der Ausbildung von nur zwei entscheidenden Instanzen, mit einem obersten Cassationshofe, — damit eher der Gläubiger und Rechtschaffene beschützt werde, als der Schuldner und Hinterlistige, welchem jetzt eine langsame und theure Rechtspflege weniger beizukommen vermag. Schnelle Erledigung, wie bei liquiden Schuldforderungen — und im Wechselprocesse — ist ein oft begehrtes Erfordernis der Neuzeit in vieler Herren Länder.

Auf dem hiemit zusammenhängenden Gebiete des **internationalen Privat- und Proceßrechtes** ist weiterhin nicht nur die gegenseitige Reciprocität der Staaten — die leicht erreichbare Erkenntnis- oder Executionsclausel einheimischer Gerichte für fremde Urtheile, von größter Bedeutung, — sondern überhaupt der Grundsatz erforderlich, — (wie auch im schon ähnlich gestalteten Handels- und Wechselrechte) — daß bei allen Erwerbungen, Obligationen, Erbfällen und Verkehrsacten, der Unterschied zwischen eigenen Staatsbürgern und fremden Staatsangehörigen völlig aufgehoben werde, die Gesetzgebungen selbst sich einander gleichen.

Im **Strafrechte** dagegen sind die manichfachsten Unterschiede der Behandlung selbst dem Inländer gegenüber dann begründet, wenn man die Gleichheit darin verlangt, daß, in der Individualisirung des Falles, die Verhängung der Strafe erfolge, nach dem subjectiven und objectiven Verschulden des moralisch erkrankten Verbrechers

Im **internationalen Strafrechte** — einem noch sehr verwilderten Rechtsgebiete der sehr ungleich vorgehenden Staaten — hätte sich das gegenseitige Schutz- und Realprincip derart zu bewähren — daß — zunächst — die erforderliche Abgrenzung der Missethaten und Strafen gesucht wird in jener Qualität des Rechtsgutes, welches auch für das Inland verletzt erscheint.

Die Tendenz muß aber dahin gehen, fast sämmtliche Rechtsinteressen auch als ein allgemeines Rechtsgut der civilisirten Nationen zu beschützen, zumal im Seeverkehre, geistigem Eigenthum, industriellen Marken, Geld- und Creditverhältnissen, — und ebenso, zur eigenen und freundnachbarlichen Sicherheit, gegen allgemein gefährliche Bestrebungen der Anarchie, gegen Dynamitverbrechen und solche gegen die Bestimmung der Communicationsanstalten.

So gelangt man zum Universalprincip, wornach alle, auch die ausländischen von einem Ausländer begangenen, Delicte den inländischen Gesetzen unterliegen, und die Strafbestimmungen zur Anwendung kommen, so oft die Missethat des Fremden verfolgungsbedürftig erscheint.

Einzelne Bestimmungen hätten jene Ausnahmen festzustellen, wo politische Verbrechen des Ausländers **nicht** der inländischen Ahndung unterzogen werden; — wobei dem Fremden sogar ein Asylrecht gewährt wird; — wo ferner die Auslieferung der eignen Unterthanen an fremde Gerichte nicht stattfindet, — zumal nicht an Ausnahmegerichte, — wo man Parteienvertretung verlangen kann, Schwurgerichte — oder sonstige Garantien einer entsprechenden Strafrechtspflege, damit eben auch hierin eine adäquate Individualisirung stattfinde nach dem subjectiven und objectiven Verschulden des Angeklagten, — der überall die gleiche Rücksichtnahme findet.

II.

Indem ich zum zweiten Theile meiner kurzen Erörterung der wichtigsten Rechtsschöpfungen der Neuzeit gelange, kann ich nicht umhin, auch das Staatsrecht zu streifen,*) indem ich darauf hinweise, daß anerkanntermaßen heutzutage nicht eine allgemeine Volksvertretung wichtige Fachinteressen zu verhandeln vermag, — umsoweniger wenn die Gewählten nicht sowohl ihren Kenntnissen und Fähigkeiten, ihrem Charakter und ihrer Unabhängigkeit, die zufällige Berufung verdanken, sondern vielmehr in den sehr u n g l e i c h q u a l i f i c i r t e n und oft u n g e e i g n e t e n geografischen Wahlbezirken allerlei Nebenumstände entscheiden.

Dazu gibt es auch nicht selten verwerfliche — zumal plutokratische — Mittel, Umtriebe und Parteikämpfe, persönliche Leidenschaften, welche zuletzt — hie und da — eine Mehrzahl von Repräsentanten zu Tage fördern könnten, welche Majorität weder ein Verständnis noch ein Interesse, schwierigen Fachangelegenheiten entgegenzubringen vermöchte.

Natürlich ist hier nicht der Ort, von neuen Wahlsystemen oder verfassungsmäßigen Organisationen zu sprechen, wohl aber davon — (wie bei aller g e w a h r t e r parlamentarischer Einflußnahme und Zustimmung) — auf a n d r e Weise dieser Unvollkommenheit aller menschlichen Einrichtungen Abhilfe verschafft worden ist und immer mehr nachzufolgen hat.

Fachgenossen, Enquêten, werden zur Vorberathung berufen; gewisse Gegenstände den Hoheitsrechten der Krone, — zumal das Militärwesen, oder den Kreisen der Selbstverwaltung, zugewiesen, und es vollziehen sich Rechtsschöpfungen der Neuzeit, außerhalb des Parlaments, — sei es nach Körperschaften, Curien, Berufskammern, Versammlungstagen verschiedener Art, und in ähnlichen Vertretungen, zumal aber jenen Conferenzen und Congressen, welche das v ö l k e r r e c h t l i c h e F a c h g e b i e t i n t e r n a t i o n a l e r B e z i e h u n g e n behaupten.

Diese Thätigkeit wird namentlich von Juristen, Staatsmännern, Diplomaten und berufenen Fachgenossen in Anspruch genommen und hatte schon im Alterthume zu Zusammenkünften auserwählter Bürger geführt, — sei es, wie in den Symmachien (Schutz- und Trutzbündnissen) griechischer Staaten, in den Isopolitien, den Amphiktionen als obersten Gerichtsstellen und in den Proxenien der Kaufleute und Mäkler.

Der Weisheit und Hochherzigkeit der Staatsoberhäupter und ihrer Minister — dem Einwirken wissenschaftlicher und fachmännischer Autoritäten — verdankt man heutzutage die Wirksamkeit der C o n g r e s s e von unermeßlich großer Tragweite und immer mehr zunehmender Geltung.

Vielfach haben dabei auch Privatpersonen eine nicht geringe Einwirkung ausgeübt — sind solche als Vermittler herrschender Ideen aufgetreten — haben Ausführungen übernommen, — neue Wege bezeichnet. —

---

*) Vergl. meine Rectoratsrede „Ueber die Entwicklung der staatsbürgerlichen Freiheit in Oesterreich." (3. Aufl. Czernowitz 1894.).

Das fachmännische Urtheil ist dabei losgelöst von dem bösen Zufalle einer planlosen Berufung.

Die Genfer Convention des sogenannten Rothen Kreuzes vom Jahre 1864 und 1868 verdankt ihre Entstehung zunächst einem Arzte Dunant in Genf, dem ersten Leiter der Gesellschaft Moynier, sowie dem schweizerischen General Dufour, — endlich aber einem zielbewußten Zusammenwirken von hervorragenden Aerzten, Militärs, Diplomaten, fürstlichen Persönlichkeiten und großen Gesellschaftskreisen der meisten Culturnationen.

Die Artikel, welche heutzutage als maßgebend für die Kriegsmanier angesehn werden, weisen hin auf den nordamerikanischen Unionspräsidenten Lincoln, dessen Rathgeber Prof. Lieber, auf die Staatsmänner, zumal russischen, in der Brüssler Conferenz von 1874.

Mit Wilberforce in England beginnt der Kampf gegen den Sclavenhandel; erfolgen endlich — nach und nach — verschiedne hierauf abzielende Staatsverträge bis zu den Beschlüssen zur Congoacte von 1885 und 1890 und haben dabei ihr specielles Verdienst auch der Cardinal Lavigerie, sowie die Afrikareisenden, zumal Stanley und Emin Pascha, sowie die heuer in Brüssel und Paris abgehaltenen Congresse.

Aehnlich haben sich andre internationale Vereinbarungen vollzogen, wie jene bezüglich der Bevölkerungspolizei und Naturalisation — (einem nach dem amerikanischen Gesandten Bancroft benannten Vorgange entsprechend) — oder rücksichtlich der Handelsverträge — mit der, nach Cobden, beliebten Meistbegünstigungsclausel, und in andern Verkehrsconventionen.

Auf Gebieten der Wohlfahrtspolizei sind Sanitäts-Commissionen thätig gewesen und Vereinbarungen über Medicinal-Anstalten und Vorkehrungen erzielt worden, so in den zu Paris tagenden Versammlungen 1852 und 1859, dann im heurigen Jahre 1890 in Wien, u. dgl. m.

Diese Interessengemeinschaft pflegen vornehmlich die sogenannten Verkehrsunionen und bewähren das cosmopolitische Rechtsprincip, welches schon Cicero vor Augen hatte mit den schönen Worten: „Non erit alia lex Romae, alia Athenis, alia nunc, alia posthac, sed et omnes gentes et omni tempore una lex et sempiterna et immortalis continebit." („Es wird nicht sein ein andres Gesetz in Rom, und ein andres in Athen, nicht jetzt dieses, und später jenes, sondern alle Völker wird zu immerwährender Zeit unsterblich ein und dasselbe Gesetz umfassen."

Dem Ueberblick dieser Probleme erbitte ich noch Ihre hochgeschätzte Aufmerksamkeit.

III.

Es gibt Rechtsschöpfungen der Neuzeit, welche in cosmopolitischer Richtung die völkerrechtlichen Beziehungen der Culturstaaten umfassen — allgemeine Grundgedanken zum Gemeingute der Menschen erziehen, um überall dieselbe Rechtsregel zur Geltung zu bringen.

Solche Grundgedanken führten in Amerika zur angestrebten Conföderation, wonach der ganze dortige Continent, als Panamerika, gemeinsame Bestimmungen vornehme über wirthschaftliche und commercielle Aufgaben, Errichtung entsprechender Bureaux, zur Schlichtung internationaler Streitigkeiten durch aufgestellte Schiedsgerichte, damit endlich jeder Kriegsfall ausgeschlossen und die Ausrüstungen der Armeen zur Schonung der Finanzen hintangehalten werden.

Wie leicht wird es solchen Conföderationen *) werden, die größten Culturaufgaben zu lösen und ohne erdrückende Lasten für Armee und Landesvertheidigung die wirthschaftlichen Gebote und Erfolge ihrer Politik über alle Meere hinzuerstrecken.

Das unfertige Afrika erwartet die Anfänge einer solchen Verbindung.

Erwerbungen und Besitzungen der europäischen Staaten in allen Welttheilen verbinden weit entlegne Territorien zu einem gemeinsamen Rechtsgebiete.

Bis zu den entlegensten Hafenplätzen erlangen Bedeutung und gewähren Schutz die Seerechts-Declaration von Paris aus dem Jahre 1856, mit ihren Nachwirkungen auf die Regelung der Meeresfreiheit, — die unzulässigen Beschränkungen des neutralen Handels, — die Untersagung der Caperei, — die Bestimmungen über Contrebande, — die Festsetzungen betreffs der Blokade; — während noch die bessre Regelung einer internationalen Prisengerichtsbarkeit, mit Instanzenzug, Seewartordnungen — Schiffahrtsgesetze — ihrer weitern Ausführung entgegensehen, ähnlich wie es bereits das maritime Signalbuch erfahren hat, welches, 1884 auch von Deutschland herausgegeben, mit seinen 78.642 Zeichen der Flaggensprache einen wahren internationalen Signalcodex abzugeben vermag.

---

*) So haben sich grade in diesem Jahre 1890 zu derartigen panamerikanischen Vereinbarungen die 19 bedeutsamen Republiken entschlossen, nehmlich die vereinigten Staaten von Nordamerika, die argentinische Republik, jene von Bolivia, die von Brasilien, von Chili, die vereinigten Staaten von Columbien, die Republik Costa Rica, die von San Domingo, Ecuador, Guatemala, Haiti, Honduras, Mexico, Nicaragua, Paraguay, Peru, Salvador, die östliche Republik Uruguay, sowie die vereinigten Staaten von Venezuela.

Wie verschieden davon das unfertige Getriebe in andern Welttheilen, zumal den afrikanischen Colonialgebieten, deren Aufteilung unter die europäischen See-Mächte sich auch in diesem Jahre 1890 fast gänzlich vollzogen hat; dazu deren loser Zusammenhang mit den Freistaaten Liberia, Oranien, Transvaal, mit dem emporstrebenden Congostaate und jenen halbsouveränen Staatsgebilden von Tunis, Madagascar, (französischer Machtsphäre), Aegypten und Zanzibar (englischer Machtsphäre), mit der türkischen Provinz Tripolis und dem selbständigen Sultanat von Marocco.

Wie sich dies merkwürdige Signalbuch verbreitet, so auch die völkerrechtlichen Grundsätze hervorragender Schriftsteller, welche diese Wissenschaft vertreten. Wheaton, der Amerikaner, Phillimore, der Engländer, Heffter und Bluntschli, die Deutschen, — der Russe Martens und Andre — sind bekannt; Werke ihrer Feder werden in asiatische Sprachen übersetzt. China und Japan anerkennen die Lehren von Wheaton, Heffter, Bluntschli, und Grundsätze derselben werden befolgt in Persien und Corea in Siam und Malaysien, in Borneo, Sarawak und Brunei; zu geschweigen von dem (englischen Einflusse unterlegenen) Polynesien, mit Hawai und Samoa, und wo immerhin die Schiffe der Culturnationen gelangen.

Dieserart entsteht das neue Rechtsbewußtsein und wird in Gesetzgebungsacten verwerthet. Fast unscheinbar treten auf die vorhergehenden Beschlüsse, so die der Oxforder Conferenz vom Jahre 1880 und ähnliche, bezüglich der internationalen Rechtspflege, — der Auslieferungsverträge, — der Transactionen über gegenseitige Executionszugeständnisse, Maßnahmen über Ladung und Verfrachtung u. dgl. m., denen schließen sich aber andre an, — Beschlüsse und Gesetzentwürfe über die Schiffmeßbriefe, Ladungsfähigkeit und Verfrachtung der Schiffe, Gebühren- und Taxen-Erhebung u. s. w., wozu noch gehören die internationalen Vereinbarungen über die technische und commercielle Einheit im Eisenbahnwesen; zumal die Congreßbeschlüsse mehrerer Staaten aus den Jahren 1878 und vom 15. Mai 1886, sowie vom 1. April 1887, welche die neutrale Immunität aller Eisenbahnbetriebsmittel angestrebt haben. —

Betreffs der Zeitbestimmung im Eisenbahnverkehre, wobei etwa 75 verschiedene Eisenbahnzeiten zur Geltung kamen, hat die mehr einheitliche Zeitzählung für die europäische Gradmessung die Conferenz von Rom im Jahre 1883 vorbereitet. Schon im April desselben Jahres hatte eine solche amerikanische Versammlung zu St. Louis für den dortigen Continent 5 Stundenzonen derart bestimmt, daß überall die Minutenzählung von Greenwich zur Anwendung gebracht wurde, wonach die Zeitangabe selbst um ganze Stunden, in der Zone abweichen. In Oesterreich-Ungarn gelangte 1886 und 1888 ein ähnlicher Vorschlag zur Verhandlung, und ein Antrag der ungarischen Regierung vom 7. September 1889, sowie weitere Verhandlungen, in Dresden u. a. O., denen zufolge, vielleicht für ganz Mitteleuropa, eine sogenannte Adriozeit könnte angenommen werden, und entsprechende Vereinbarungen bevorstehen.

Die abgeschlossene Eisenbahnrechts-Union zwischen den als international frachtfähig erklärten Eisenbahngesellschaften und Staatsverwaltungen begründet eine Zwangsgemeinschaft, womit auch ein directer Frachtbriefverkehr vorgeschrieben und aufrechterhalten wird.

Die Betriebsmittel werden neutralisirt — die gegenseitigen Klagberechtigungen regulirt, um processualisch die Rechte der Betheiligten zu wahren — die zum Schutze der gemeinsamen Interessen erflossenen Urtheile werden im ganzen Unionsgebiete anerkannt und durchgeführt.

Sind weiterhin auch alle Transporte nach gleichartigen Bestimmungen normirt — der gesammte Güterverkehr in einheitlicher Weise gefördert — nach einem völlig gleichem Eisenbahnfracht-Recht, — ja selbst die Exporttarife in Uebereinstimmung gebracht, so hat sich diese Eisenbahn-Union cosmopolitisch vollzogen.

Internationale Telegrafen-Verträge sind namentlich seit der Pariser Conferenz vom Jahre 1865 abgeschlossen; — ein internationales Bureau für deren Controlle, Durchführung und Weiterbildung in Bern seit 1869 errichtet: ähnlich das Bureau der internationalen Communicationen in Genf.

Es folgten vereinbarte Reglements du service internationale im Juli 1875 zu Petersburg — 1879 in London, — die Revision zu Berlin 1885 und der Telegrafen-Congreß zu Paris im Mai 1890, beschickt von 38 dem Weltpostvereine angehörigen Staaten; während das unterseeische Telegrafencabel geschützt wird durch submarine Cabel-Conventionen und Conferenzbeschlüsse aus den Jahren 1882 und 1884 von mehr als 30 Staaten, darunter auch Persien und Siam.

Aehnliche Uebereinstimmung in den Einrichtungen verlangt auch das rasch sich entwickelnde Telefonwesen.

Es gehört ferner hieher ein noch zu schaffendes bezügliches Privat-Recht, so daß nicht nur die Geschäftstechnik und der Verlautbarungsorganismus gleichartig ihre Dienste leisten, sondern auch ein Contrahirungszwang bestehl, wornach Jedermann das Befugnis hat, mittels des Telegrafen und anderer Verkehrsmittel, zu correspondiren, dabei die Haftpflicht aller Communicationsanstalten genau geregelt wird, — nicht wie im jetzigen rechtlosen Zustande, welcher den Schadenersatz ablehnt, es sei denn, daß collationirte und recommandirte Depeschen eine gewisse Sicherstellung darbieten, wie dies namentlich im Postverkehre durch die eingeschriebene Werthangabe erfolgreicher durchgeführt erscheint.

Wahrhaft imposant erscheint der Weltpostvertrag vom 1. Juni 1878 nach den Beschlüssen der Conferenzen zu Paris und Lissabon.

Immer weiter erstreckt sich die Wirksamkeit dieses cosmopolitischen Vertrags, an dessen commerciellen und persönlichen Wohlthaten sich fast tausend Millionen Menschen aller Welttheile erfreuen. *)

Hiemit wetteifern andre Unionsbeschlüsse, so um wieder nur Einiges hervorzuheben, die internationalen Münz- und Gewichts-Unionen — zumal nach dem französischen Metersystem, seit 1875, — das langsamer vordringende Francsystem, zunächst für die romanischen Völker, als lateinische Union seit den Pariser Conferenzen von 1867, 1874, 1878 und andere Jahre.

---

*) Hervorzuheben sind neben der Postconferenz zu Paris 1863 die seit 1878 zumal in Paris geschlossenen und 1885 geregelten Conventionen, ergänzt zu Lissabon 1885 und zuletzt 1888 auch von Frankreich ausgedehnt für Tunis, von Deutschland für dessen afrikanische Schutzgebiete, die Marschallinseln und das Tongagebiet.

Ein amerikanisches Dollarsystem wird nachfolgen; ebenso höchstwahrscheinlich die Doppelwährung (nach Festsetzung des Bimetallismus), denn ein internationales Geld, ein gleichartiges Bankwesen — (vielleicht nach amerikanischem Fondirungssysteme) — sowie das gleiche commercielle Recht — werden die Vortheile des gegenseitigen Credits und Verkehrs unendlich vermehren und neue Rechtsschöpfungen großartiger Natur zur Folge haben.

Begreiflicherweise durchdringen ähnliche Tendenzen alle sonstigen internationalen Fragen — selbst auf dem Gebiete der Gefängnis-Reform (wie heuer auf einem Petersburger Congreß), dann betreffs der Union Trade's der Gewerkvereine, der humanitären Anstalten und sonstiger Berufsangelegenheiten. *)

Beispiele sind auch die Grundsätze der Neutralität auf dem Suezcanal, und für die Maghellanstraße; dieselben Bestimmungen berühren auch die Donau, den Pontusvertrag von 1871, die montenegrinischen Gewässer. Staaten und Gebiete, wie die Schweiz, Belgien, Luxemburg, sardinische Theile des Genfersee, genießen diesen Schutz der Neutralität, — welche doch schließlich dahin führen muß für alle Streitigkeiten der Staaten internationale Schiedsgerichte einzuführen. —

Zeugnisse für diese Rechtsschöpfung hat namentlich auch das Jahr 1890 geliefert; — im Madrider Senate — in der Gesellschaft der Friedensfreunde zu London unter Lawson's Vorsitze, die bereits erwähnten Beschlüsse der panamerikanischen 19 Republiken, die Verhandlungen über Bonghi's Antrag im Parlamente zu Rom, — unterstützt von der italienischen Kammer und von der Regierung, — um die militärische Abrüstung zu erleichtern.

Garantieverträge und solche Schiedsgerichte strebte ebenfalls jene Conferenz in London an, welche als internationale parlamentarische (unter dem Präsidium Herschell's) auch von Oesterreich, im Juli dieses Jahres, beschickt wurde.

Der Rechtsschutz wird in internationalen Verträgen und Allianzen gesucht; die ungeheuren Lasten des Budgets für die Kriegszwecke andern Culturaufgaben zugedacht. — Nach dieser Richtung bewegt sich die völkerrechtliche Convention zum Schutze des gewerblichen Eigenthums vom 20. März 1883, die hiefür projectirten Grundsätze zu Rom

---

*) Wenn beispielsweise ein deutscher Levanteverkehr ermäßigte Frachtsätze sogar von den ausgehenden Eisenbahnstationen bis zu dem endlichen Bestimmungshafen berechnet — nach einer einfachen Classification von combinirten Bahn- und Schifffrachttarifen — kann füglich : uer österreichischer Lloyd nicht theure und verwickelte Exportspesen wirksam entgegensetzen und haben neue Levante-Conferenzbeschlüsse, in Wien und Bukarest (September 1890), auch diese Angelegenheit als eine internationale Rechtsschöpfung in Betracht zu ziehen.

Ueberall hat man die Ausgleichung der Gegensätze zu versuchen — die Vermittlung zu cosmopolitischer Gestaltung.

1886, sowie jene von Madrid 1890, — mit einem Controllbureau zu Bern, damit auch die Ursprungszeugnisse von Industriewaaren, die Markenregistrirung, die Patentrechte, überwacht und gewährleistet werden.

Für diesen Schutz der Industriepatente war schon eine Vorberathung in Wien 1873 eingetreten; dann jene zu Paris abgehaltenen Conferenzen von den Jahren 1878, 1880 und 1883. —

Aehnliches bezweckten. — zumal nach den deutschen Reichsgesetzen von 1876 — die freilich unvollkommen ausgestatteten Vereinbarungen betreffs der **Fabriksmuster, Modelle und Marken**; — ferner alle Conferenzen zum **Schutze der Industrie**, ihrer Arbeiter, der Fabriks-Production und Fabriks-Inspection, besonders die „Arbeiterschutz-Conferenz" zu Berlin in diesem fruchtbaren Jahre 1890, und viele nachfolgenden Verhandlungen. —

Das **geistige Eigenthum** der Autoren, die Verlagsrechte, hatte schon 1876 eine internationale literarische Association in wirksamen Rechtsschutz zu stellen versucht; — der schweizerische Bundesrath übermittelte 1883 einen Conventionsentwurf den Culturstaaten, wobei freilich manche, — so namentlich Nordamerika — dem fremden Autor nicht die geringsten Ansprüche gewährleisten, vielmehr den Nachdruck als erlaubten Erwerb gestatten. —

Dagegen umfaßt die am 9. September 1886 abgeschlossene: Convention, concernant la création d'une **Union** internationale pour la protection des oeuvres littéraires et artistiques, ein Unionsgebiet von fast 500 Millionen Menschen, wohin sogar die Republiken von Haiti und Liberia gehören, nicht aber die einstweilen ablehnenden Staaten von Mitteleuropa.

Diese **Union** erklärte in ihrem ganzen Ländergebiete die geistige Schöpfung der Autoren in Literatur und Kunst zu einem gemeinsamen Rechtsgute, welches nach Maßgabe der einheimischen Gesetzgebung, wirksam zu beschützen sei.

Der Eingriff in dies Rechtsgut der Autoren und Verleger bildet ein **internationales Delict**; — selbst ein limitirtes Uebersetzungs-Recht wird anerkannt — natürlich nur innerhalb gewisser Zeitfristen; — es wird der Union ein Veto zugestanden gegen solche Gesetze der verbündeten einzelnen Staaten, welche diesem Rechtsschutze zuwiderlaufen.

Indem ähnliche Grundsätze namentlich zum **commerciellen** Schutze auf dem Congresse von Paris 1880 die **Prioritätsrechte, Erfindungspatente**, und sonstigen Interessen garantiren — werden Machinationen, Ausbeutungen und der Mißbrauch mit fremden Marken, als eine concurrence déloyale, gebrandmarkt und überall die Firma, wie früher erwähnt der Autor, mit ihrem Waarengute unter den gemeinsamen universellen Schutz gestellt, damit allenthalben — (so schwer auch ein Weltmarken-Register und Patentbuch durchzuführen wäre) — die redliche Arbeit ihren Verdienst finde, der unredlichen Erwerb aber hintangehalten und gestraft werde.

Mit dieser Perspective schließe ich den Ueberblick der **Rechts-schöpfungen** unsrer **Neuzeit**, welche in allen Culturstaaten das gemeinsame Interesse als ein **Rechtsgut** zu gestalten bestrebt ist.

Gemeinsame Interessen durchdringen das ganze öffentliche Leben und verlangen immer dringender den **Weltfrieden** für die Staaten, für das Wohl und Glück der Völker und ihrer Regierungen.

In dieser höchsten Aufgabe der Herrscher erglänzt auch der Thron unsrer Monarchie. — In Oesterreich-Ungarn, so wie in benachbarten Ländern und Reichen, ertönt namentlich heute der innige Wunsch der Herzen

„**Gott segne Seine Majestät den Kaiser.**"

Czernowitzer Buchdruckerei-Gesellschaft.